扶贫毅行

——乐施会在中国内地二十年

A Journey of Perseverance against Poverty

Oxfam Hong Kong's 20 Years of Work in China

乐施会 编著

知识产权出版社

内容提要

本书是乐施会这一非营利性组织在中国内地发展20多年历程的全面回顾，从“赈灾”、“发展”、“教育”、“妇女”等方面，全面回顾乐施会在中国内地各类项目的实施情况。其中也含数篇乐施会员工回顾自己与乐施会共同成长的故事。

策　　划：乐施会　　**特约编辑：**刘曙光

责任编辑：李　潇　　**责任校对：**董志英

装帧设计：品尚设计　　**责任出版：**卢运霞

图书在版编目（CIP）数据

扶贫毅行——乐施会在中国内地二十年／乐施会编著.—北京：知识产权出版社，2011.4

ISBN 978－7－5130－0227－1

Ⅰ.①扶…　Ⅱ.①乐…　Ⅲ.①社会救济—组织机构—概况—中国　Ⅳ.①D632.1

中国版本图书馆CIP数据核字（2010）第202037号

扶贫毅行

——乐施会在中国内地二十年

A Journey of Perseverance against Poverty

Oxfam Hong Kong’s 20 Years of Work in China

乐施会　编著

出版发行：知识产权出版社

社　　址：北京市海淀区马甸南村1号　　邮　　编：100088

网　　址：http://www.ipph.cn　　邮　　箱：bjb@cnipr.com

发行电话：010－82000860转8101/8102　　传　　真：010－82005070/82000893

责编电话：010－82000860转8133　　责编邮箱：lixiao@cnipr.com

印　　刷：知识产权出版社电子制印中心　　经　　销：新华书店及相关销售网点

开　　本：787 mm×1092 mm　1/16　　印　　张：16

版　　次：2011年5月第1版　　印　　次：2011年5月第1次印刷

字　　数：271千字　　定　　价：58.00元

ISBN 978－7－5130－0227－1/D·1106（3174）

目录
CONTENTS

中国扶贫二十年

（代序一）

乐施会总裁　施日庄（John Sayer）

1992年，乐施会在昆明设立项目办公室，开始了在中国西南地区的扶贫工作。

那时，在农村工作的非政府组织（简称NGO）还很少。我们与云南省外经贸委联系，十分顺利地开始了小额贷款项目的尝试，为农民提供鸡、猪和农作物等生产资料，同时辅以一些种植和养殖方面的技能培训。

在县级地区，我们同畜牧局及民族事务委员会合作，很快了解了大量居住在深山里的少数民族贫困人口的生活状况。

那时，中国政府和公众都没有太多与NGO接触的经验，内地几乎没有自发的NGO，对国外NGO很多人也存有疑问。

由于没有接触过独立于政府和宗教界之外、单纯愿意从事扶贫工作的组织，也可能是不了解世界上有这样的组织，很多人以为我们应该是来自国外的官方救援项目的一部分。还有一些人并不关心我们是谁，他们只是为我们在当地提供资金进行扶贫感到高兴。

但是，也有一些中央和地方政府的朋

在贫穷的乡村，乐施会推行社区综合发展项目，让农户自力更生，告别贫穷。

友认识到，国际NGO带来的不仅仅是资金，还有它在别的国家所积累的一些扶贫理念，特别是那些结合当地特点的扶贫思想和方式，对中国具有一定的借鉴意义。

比如在那时，很少有人听过小额信贷或者格莱珉银行（Grameen Bank）及其创始人穆罕默德·尤努斯（Muhhammed Yunis）。然而早在20世纪80年代，乐施会就在孟加拉资助了格莱珉银行。乐施会的同事在20世纪90年代初期就开始尝试在我们于中国南方实施的项目中实践同样的原则。

乐施会的一个信念是，扶贫项目一定要有持续性，并需要贫困人群，尤其是社区中的弱势群体参与到项目的设计和执行中来。在我们的很多项目社区，妇女担负着操持家务、抚养儿童和学前教育的任务，同时还要承担很大一部分农业生产，而社会却对她们缺乏应有的关怀。我们认为她们在营养、健康和教育方面状况的改善，是打破贫困循环的有效途径。因此，在项目工作中，我们很关注妇女的知识和领导能力的培育，一开始就重视妇女在探索当地需求、制订实施计划、决定项目执行和在村民代表组织中的作用。

我们的社区工作方法是，认识到扶贫不仅要求实现经济进步，同时也要求实现社区本身的能力提升。我们相信所有人都拥有这些权利：免于贫困、拥有健康、获

在西南少数民族贫困地区，乐施会成员与社区群众一起规划村庄未来。

取知识。它们确保人们在社会中获得尊重。贫困人群在改善生计、获得这些权利的努力中，要担负起作为决策者的责任。

乐施会认识到政策法律的变化为更多的人对抗贫困提供了新的机会。不仅国家法律的改变可能如此，国际条约和制度，如世界银行和联合国的那些影响贸易、救援和投资的条约和制度，也能起到同样的作用。因此，我们也在WTO会议期间提出贸易相关规则的倡议，就更自由的市场对生产棉花、大豆和蔗糖的农民的影响，与多国农业部长进行对话。

同时，我们项目关注的对象不断扩展到农民、农民工和艾滋病毒感染者等群体，项目领域涵盖农民生计、灾害管理、城市生计、基础教育、NGO发展等十大领域。

乐施会在中国二十年来的扶贫工作得到了政府有关部门的肯定和社会各界的支持。2001年，乐施会获得国务院扶贫办发表的《中国的农村扶贫开发》白皮书肯定；2003年获《南风窗》杂志社颁发的“为了公共利益年度榜——扶贫奖”；2004年，时任乐施会总干事的庄陈有获得“中国首届消除贫困奖——奋斗奖”荣誉；2009年，乐施会获得由《红旗画刊》和《中国报道》联合颁发的“中华公益事业功勋企业、机构”奖；2010年，由广东省慈善总会、《南方都市报》和共青团广州市委员会主办的“责任中国”2010公益评选中，乐施会又获得了“公益组织奖”，成为唯一一个荣获该奖项的机构。

现在，基于我们在中国内地二十年来的工作经历，不妨作一些长远的观察和展望。

中国政府的经济政策让很多人摆脱了贫困，生活水平提高到贫困线之上。但同时，在边远地区和欠发达地区，仍然有很多人生活在贫困线之下。某些人群，如外来打工者，仍处在弱势地位，社会进步的空间还很大。

综合上述两点，很明显，推进扶贫项目、建设公民社会、开展公众教育和影响政府政策变得越来越有意义。政府的财力较之以前已经大大提高，也正在为建设一个更和谐的社会而努力。二十年的扶贫工作让我们累积了一定经验，我们希望用这些知识和经验向政府传达我们的信念，如什么样的扶贫手段是有效的，什么样的政策和经费计划可以最有效地帮助最多的人。

我们相信一个充满活力的独立的公民社会对建设和谐社会有很大作用，就像当地企业或外资企业在中国经济发展中的作用一样。公民社会组织常常是反映社会

2008年6月，施日庄总裁（前排身着绿T恤者）与董事会成员一起考察四川地震灾情。
图为与绵竹市春溢小学师生合影的场景，乐施会为该校援建了活动板房。

趋势和公众观点、认清那些在长时间内会变得很重要的问题的最佳信息来源。正是NGO发现了公平贸易规则、气候变化、烟草、健康和童工等很多问题，并随之采取行动推动社会发展。此外，他们也是提倡公共服务和社会行动的重要角色。

因此，作为一个NGO，我们常常与政府和公民社会一起工作，并尝试在我们的扶贫项目中加强公民社会的建设。

在以往的工作中，我们和政府在很多方面都有非常好的关系，包括在西部地区我们实施的扶贫项目，同一些政府的研究机构也保持着友好对话。

但与此同时，一些政府部门对NGO的理解与现状似乎仍存在一定差距。我们希望政府在各方面可以快而有效地对NGO在21世纪社会发展中的作用准确定位，以便让我们更有效地开展工作。

我们认为，认清社会挑战、改善贫困群体处境、做好协助工作应该成为公民社会和NGO在促进国家发展方面的重要任务。

中国几个世纪以来都在解决贫困问题上持续进步，乐施会希望它可以在此过程中提供必要的帮助，为中国在这历史性的时刻取得更加辉煌的成就贡献绵薄之力。

施日庄，祖籍英国，1976年移居香港，1991年加入乐施会香港；2001年，出任乐施会国际联会的署理总干事；2004年，加入一家致力于非洲发展的机构，专门协助非洲小生产者寻找市场为本的解决方案。2006年，他重返乐施会香港，出任总裁至今。

毅行内地

（代序二）

本文选自《南方都市报》记者 2007 年 6 月 29 日

对乐施会中国部总监廖洪涛的访问报道，根据最新情况略有改动。

宗旨：助人自助　对抗贫穷

记者：在内地，乐施会参与了很多工作，比如扶贫和赈灾，但知道乐施会的人不是很多，知名度不是很高。

廖洪涛：这和我们求踏实、做实事、少宣扬的理念有关系。乐施会虽还不广为普通公众所知，但在NGO圈子里享有较高的声誉。我可以做个简单的介绍。

我们通常说的乐施会是指乐施会香港，是乐施会国际联会的成员机构。乐施会国际联会是一个具有国际影响力的发展和救援组织，英文名称为 Oxfam international（2010 年 6 月 1 日以后统称为 Oxfam），是由分布在全球 14 个国家或地区的独立运作的成员组织构成的。

乐施会香港成立于 1976 年，最早是一群关注贫困问题的志愿者在香港成立了乐施小组，并于 1988 年正式注册为独立的扶贫、发展和救援机构。乐施会跨越种族、性别、宗教和政治的界限，与政府部门、社会各界及贫穷人群合作，一起努力解决贫穷问题，让贫穷人群得到尊重和关怀。"助人自助，对抗贫穷"是乐施会的宗旨和目标。乐施会成立初期就帮助一些由于越南排华而到香港避难的华裔越南难民，组织社会资源救济他们。到目前为止，乐施会已先后在全球超过 70 个国家推行扶贫及救灾工作，开展综合发展、紧急援助、教育、卫生和水利等项目，帮助贫穷人改善生活，自力更生。

记者：乐施会是何时进入中国内地的？主要是做哪些方面的工作？

廖洪涛：2007 年是香港回归 10 周年，也是乐施会进入内地工作 20 周年，很有

2010年4月14日青海省藏族自治州玉树县发生7.1级地震后，乐施会第一时间响应，紧急调拨在内地四个备灾仓库的3 000床棉被和1 000条彩条布运往重灾区玉树和“非震中区”四川石渠县。图为玉树县灾民在领取救灾物资。

纪念意义。从1987年开始，乐施会最早是在广东做一个帮助残疾人的项目。乐施会比较大规模地进入内地，是在1991年之后，和云贵当地的政府部门如扶贫办合作，做以社区为本的扶贫工作，探索扶贫发展及灾害管理方面的经验。

乐施会在中国内地主要推行扶贫发展及防灾救灾工作，项目内容包括：社区发展、农村综合发展、增收活动、小型基础设施建设、赈灾、卫生服务、教育、能力建设及政策倡议等。截至2010年底，乐施会在内地29个省市自治区的国家级扶贫县（区）开展赈灾和扶贫工作，投入资金超过6亿元人民币，受益群体覆盖边远山区的贫困户、少数民族、妇女和儿童、农民工和艾滋病感染者等。

拓宽：回归十年投放内地三亿

记者：香港回归之后，乐施会在内地的工作有何变化？

廖洪涛：乐施会与内地的合作领域进一步拓宽了。

我们不仅在云贵桂开展工作，还进入陕西、甘肃等西北地区；不单做“以生计为本”的扶贫工作，也开始在城市做反家庭暴力、基础教育、农民工服务和社区融入、维护妇女儿童权益、艾滋病感染者救助等项目，合作地区和领域成倍扩大。

乐施会与中国政府机构合作的层次也提高了很多，先是和云南省政府扶贫办签署了长期合作扶贫的框架协议，接着和国务院扶贫办外资中心、广西壮族自治区扶贫办、青海省民政厅、民政部中民中心等单位签订了更多合作框架协议。

可以说，和官方在政策层面的合作也多了起来。比如，在WTO多哈回合谈判中，乐施会与政府有关部委的下属单位合作，进行保护中国农业等公平交易议题的研究。

乐施会在内地投入的资金，前10年只有1个多亿，而1997年之后的10年就有5个多亿。这充分说明，乐施会在香港回归祖国之后，更加关注内地的扶贫发展工作。

记者：除了扶贫等生计项目的合作，乐施会还在哪些领域与内地机构合作？

廖洪涛：1997 年之后，中国内地成为乐施会的工作重点地区，现在 40% 的扶贫项目经费用在内地，相信未来这个比例会更高。1992 年，我们在昆明成立了香港以外地区的第一个项目实施机构，之后又在北京、贵阳和兰州设立了项目办公室。为回应日益增长的社会需求和应对来自内外部的、包括组织管理和项目管理的挑战，2004 年，我们正式成立乐施会中国部，专门负责管理日益扩展的中国项目（编者按：2008 年，为回应汶川地震救援及重建工作，又成立了乐施会成都办）。

乐施会在内地的工作可以分为四种类型：

一是人道主义救援。乐施会在内地的赈灾资助已达8 000多万元，2007年又预算在南方洪灾和北方旱灾救援方面（包括参与云南普洱的地震救灾），捐助500万元人民币的物资。乐施会在内地开展的此类工作地域很广，从云南到内蒙古，从新疆到安徽、广东，都有乐施会的人道主义救援项目。

二是农村社区扶贫、农民工及流动人口服务，比较专注于云南、贵州、广西、陕西、甘肃、广东、北京等地。

三是扶贫工作中的方法推广、参与意识和社会性别培训等。通过乐施会与国务院扶贫办等部门的合作，推广参与式扶贫理念。

四是政策层面的合作，比如和农业部在WTO谈判农业方面的合作，比如支持中山大学公民教育中心做NGO的研究等等。

认可：做了好事也要会“张扬”

记者：听你说来，乐施会在内地应该说是顺风顺水，没有遇到过什么障碍。

廖洪涛：可以说从在内地开展工作的第一天开始，我们和政府的工作目标就是一致的，我们也是构建和谐社会的力量之一，是在政府建设新农村目标下工作的一颗小小的螺丝钉。我们在扶贫与发展领域开展的工作与政府大同小异，相信政府也希望NGO开展这方面工作的方式和方法多样化，从而满足不同需求。

当然，我们还需要考虑项目所在地老百姓的接受度和认可度。没有一个扶贫方法是可以复制到所有地区的，所以在工作手法上要有灵活性。各个地区的项目我们基本上都得到了当地百姓的认可，因为我们是从他们的利益角度考虑的。

我们也善于把其他发展中国家的经验引进来，比如和国家扶贫办外资中心合作的社区主导发展项目等。可以说，我们在内地和政府的合作项目90%是顺利的，是令人满意的。

记者：如果从时间上算，乐施会差不多经历了NGO在内地发展成长的全过程，乐施会见证了很多，也为中国NGO未来的发展取得了经验。

廖洪涛：NGO在中国内地经历了三个阶段，乐施会也差不多参与了这三个阶段，体会也很多。

20世纪80年代初期，很多NGO是在国家外经贸委的管理下开展工作。这说明当时是把其作为外来投资进行管理的，在管理体制上尚不清晰。那时，西南农村地区是作为试点向外来的扶贫NGO开放的。1995年，世界妇女大会在北京召开，促使NGO在内地的发展迅速进入第二个阶段，各种城市项目也开始运作，比如妇女儿童权益保护、反家庭暴力、环保等。这时，媒体也开始与NGO进行合作。2004年的怒江大坝事件，将NGO推进到第三个阶段，政府、媒体、NGO一起合作，相互配合。这是一个很好的范例。回过头看，差不多是每10年上一个台阶。

记者：乐施会经历三个阶段，是否取得了很多和政府部门打交道的经验，是否可以拿来介绍给新生的NGO特别是草根NGO学习呢？

廖洪涛：我们的经验很简单，但很关键，就是NGO如何让政府部门充分了解自己的贡献和重要性。我们以前一直相信做好事是不需要张扬的，现在也开始反省。我们90%的项目与政府合作，每年投入几千万到基层社区，究竟做了什么呢？有什么成效呢？可以说，社区知道，老百姓知道，合作的机构知道，但其他政府部门和广大公众是知道不多的，至少是不完整的。所以，有时我们不能一味地责怪政府不了解。我们要完整地把我们的使命、理念和成效告诉大家，包括政府部门。

记者：内地近年来草根NGO的发展也很迅速。乐施会作为先行者，是否会对它们进行扶持和帮助？

廖洪涛：我们是通过具体的项目与NGO 进行合作的。我们有一个NGO项目管理团队，支持NGO的能力建设。我们有合作了十多年的伙伴。在陕西、云南、贵州、甘肃、广东和北京都有草根NGO和我们合作。我们也在一些大学和研究机构做一些有关NGO的研究。

资金：募集捐款，公信力是关键

记者：乐施会每年投入到内地的钱有几千万，投入到越南和印度等其他国家的钱也很多。这些钱是香港政府出的吗？是从哪里来的呢？

廖洪涛：我要强调一点是，乐施会的慈善是平民慈善。为什么这么说？因为乐施会募集来的钱主要是来自于香港民众的。我们一年有一亿多的预算，90%以上的钱是老百姓的捐款。香港政府每年有一笔海外灾害救援基金，比如在印尼海啸时动用过，但这个占乐施会募集的比例是很少的。

普通香港民众捐给乐施会的钱，很少用到香港本土老百姓身上，可能不到10%，90%以上的钱用在香港之外，相当一部分又用在中国内地。所以，我认为，乐施会的慈善是平民慈善。我们已经很清楚地告诉我们的捐款人，这些钱大部分不是向香港社区提供救助的，因为香港本地的需求，特区政府和社会已经解决了很多。我们香港特区的老百姓，他们真的愿意为其他地区扶贫作出贡献。

记者：你所说的老百姓捐款，内地的一些NGO也尝试过用多种形式募集，比如青基会等机构，乐施会是用什么方法募集的呢？

廖洪涛：我们有一个数字是自豪的，那就是我们在香港有10万个每月捐款者。有些人是从读中学就开始捐的，10年20年还在捐，每月都固定地把钱汇入我们公布的账号。如果一个人一个月平均捐100元，一年一个人就是1 000多元，10万捐款者算下来就是很大的数字了。

我们每年还有一个乐施毅行者活动，组织香港民众报名参加在48小时内全程走完100公里的徒步越野，每年参加的人都很多。4人一组，每人都有一定的募捐任务，他们可以自己捐，也可以让亲戚朋友同事捐，这个项目每年募集的钱就有2 000多万元。

我们还有一个中国发展基金项目，是专门为中国的扶贫项目募集资金的。香港有过万的每月固定捐款者为这个项目出钱。

乐施会和香港的其他NGO一样，在政府许可的范围内，开展形式多样的募捐，也会搞街头募捐、电视募捐、网络募捐，招募“乐施之友”，举行每年一次的“乐施米”义卖等活动，把通过多种方法募集的钱用于公益事业。

我估算过，香港所有NGO的每月捐款者加在一起应该有30万左右，而香港约有300多万人在工作，也就是说，每10个工作人口中就有一个人是NGO的自动捐款者。这个数字是很感人的。他们捐钱比纳税还认真。我们的捐款者都有自豪感。

“乐施毅行者”是香港最大规模的远足筹款活动。自1986年以来，先后有65 000多名参加者为这项活动共筹得超过3. 23亿港币，以支持乐施会在中国香港、中国内地、非洲及亚洲其他地区推行扶贫救灾和发展工作。

记者：内地NGO也存在募集资金的问题。民众普遍反映，对一些组织不信任，不相信捐的钱真正用在了慈善事业上。乐施会如何解决这个问题呢？

廖洪涛：平民捐款的公信力是很关键的；一旦出现丑闻，对机构的杀伤力是很强的。NGO的严格自律、自我监督、透明度等都是非常重要的，一定要非常谨慎。

乐施会有一套完善的监督机制、财务制度，我们所做的项目都会向捐款者公开，会有财务报告给公众。我们在内地的工作也出现过项目合作方没有把资金用到位的情况，这时我们会终止项目的合作，并把这些事情公开，给公众和捐款人一个交代。

如果内地的机构与乐施会合作过，就会明白并理解乐施会为什么会在这方面比很多基金会的制度化建设更强，在财务问责方面更严谨。因为我们所有捐款者都是老百姓，不能有任何漏洞产生。

记者：乐施会有来自内地捐款者的钱吗？

廖洪涛：有，但我们不是主动这样做的。我们在香港和内地的办事处经常接到内地个人和企业打来的电话，询问如何捐款给我们。目前我们是不能直接接受他们的捐款的。如果有些人通过香港或国外的账户捐款给我们则是可以的。一个NGO要经得起来自各方面的问责，与捐款者、政府部门等各方的互信是很重要的。

本土化：大部分同事来自内地

记者：许多在内地的NGO都遇到过注册的问题，由于管理制度上的约束，很难取得合法注册。乐施会是否也有这个难题？

廖洪涛：乐施会和许多国际NGO一样，虽然在内地已经开展工作很多年，并且设立5个办事处在内地开展项目，但是，我们一样是没能在内地注册成NGO。由于要有挂靠单位等条件的约束，目前我们很难通过注册。

记者：没有注册会带来什么不便之处？工作不是还可以照样开展吗？

廖洪涛：一个约束就是我们不能直接接受内地的捐款。我们是希望能够在内地募集资金的。法律规定如果不能注册为公募基金会，是不具备募资资格的。我们希望广大内地民众能够参与捐款并监督我们的工作，这样才能让内地公众更加认同和接受我们。

我们曾经通过各种途径表达过希望注册的意愿，经常会邀请内地部门到海外考察，也邀请他们到香港考察我们的总部，希望通过更多的了解互动，加深认识。

记者：据你了解，注册的困难有缓解吗?

廖洪涛：我感觉暂时还没有松动的迹象，但有一些现象表明，政府部门肯定在积极做研究。

记者：听你介绍下来，乐施会中国部绝大部分的工作是与内地有关的，是否有很多工作人员也是内地的呢?

廖洪涛：我本人就是从内地过到香港读书，又在香港的NGO里成长起来的。以前，乐施会管理层都是有海外背景的，但现在有了变化，比如中国部有10多个管理人员，其中约有一半是内地同事。

以前，国际NGO都是在海外培训人员，再派往内地工作。我们目前在内地的同事，80%是内地出生成长的，在内地读书接受高等教育。还有，以前我们来自内地的员工在薪酬上与海外员工差距是很大的，目前这个差距也正在缩小。我想，再有十来年会抹平这个差距。

记者：香港与内地更紧密了，作为从香港来的NGO，与内地的关系也更紧密了吗?

廖洪涛：我们一直在考虑乐施会在内地的本土化问题，我们希望得到合法注册。我们没有任何宗教或政治背景，是专注于扶贫、生计和人道救援等工作的。当然，我们也知道，政府也很希望对 NGO 的管理更加规范化，这样才能更充分发挥 NGO 的作用。

记者：内地的NGO这些年来也在发展，政府在管理上也积累了很多经验。另外，经济也在发展。有人说中国内地不需要海外NGO的捐助，乐施会考虑改变在内地的政策吗?

廖洪涛：我听说过有些国际机构对中国内地的援助减少了30%，但我们不会。乐施会成立之初就是把帮助内地贫困地区改善生活环境作为工作目标之一的，所以我们不但不会减少投入，还会考虑逐年加大资金投入。

中国确实积累了很多经验，我们也在考虑如何把中国好的扶贫经验介绍到海外去，能否把政府强力承担的扶贫和灾害救助经验介绍给其他发展中的国家和地

乐施会通过提供社会服务、法律援助等，致力于改善农民工及其家人的生计和权益，并倡导社会尊重劳动价值及培养打工者的互助关怀。

区。中国的国际影响力也在增强，我们可以通过这种方式加大中国在海外的积极影响。

廖洪涛，乐施会中国项目部总监。在内地出生，读书、下乡知青、务工、服兵役，后在中山大学读书，获硕士学位，在广东省环保局工作4年，1994年赴港，在香港大学攻读博士学位4年。1998年开始踏足NGO，先后任绿色和平项目总监、乐施会中国项目副经理、绿色和平总干事、乐施会中国项目部总监。

前　言

1987年，乐施会在广东省实施了在中国内地的第一个扶贫项目。1991年，我们进入了在西南地区大规模实施项目的阶段。

2007年，在纪念乐施会在中国内地开展扶贫救援20周年之际，我们策划了一本纪念文集：《扶贫毅行——乐施会在中国内地二十年》，并在内部发行。我们希望，通过合作伙伴、乐施会前任和现任员工的努力和支持，让更多的人通过文字和图片，通过第一手的回忆、记录、故事……来了解我们，参与到消除贫困、促进社会和谐发展的事业中来。

4年过去了，我们从同行伙伴、政府官员、义工群体和媒体友人等多方面收到了对本书的肯定，他们感叹于这么多年来，乐施会一直秉承“助人自助、对抗贫穷”的理念，行走在扶贫发展之路上，做了那么多事。

4年间，我们的脚步也从未停止。2008年中国南方雪凝灾害救援、“5·12”大地震救援及重建、2009年哥本哈根气候峰会上倡言为贫穷人对抗气候变化、2010年西部百年大旱救援、“4·14”玉树地震救援，2011年3月云南盈江地震救援……处处都留下我们的身影。面对灾难和弱势人群，我们义无反顾，付诸行动，尽力支援。然而，现实要求我们做得更多、更好！

这也是我们改版并公开发行本书的初衷：在我们大规模进入中国实施项目20周年之际，我们希望让更多的人了解我们的工作，并参与到“助人自助、对抗贫穷”的行动中来，使得一些弱势人群不会因为当前社会的急剧变迁而变得更贫困，使得这个巨变中的社会少一分戾气，多一些和谐。

回首过去20多年，乐施会曾与数百个政府部门和社会各界的合作伙伴一起在贫困社区实施扶贫、救援和发展项目，足迹遍布中国内地29个省、市、自治区。也先后有超过100人作为乐施会员工，在不同的主题领域和工作分工下实践着乐施会“助人自助、对抗贫穷”的理念，与合作伙伴和贫困社区一起为中国的扶贫和发展事业而奋斗过。

谨藉此机会，向所有曾支持乐施会在中国内地开展扶贫救援工作的机构和人士，包括但不限于：捐款者、志愿者、合作伙伴、政府部门、受益社群和乐施会前任和现任员工等，表示衷心的感谢。乐施会在扶贫救援方面的任何一点成果，都离不开他（她）们的积极参与和贡献！

也希望本书能为记录中国社会急剧变迁而留下一些剪影和缩写。

乐施会

2011年4月

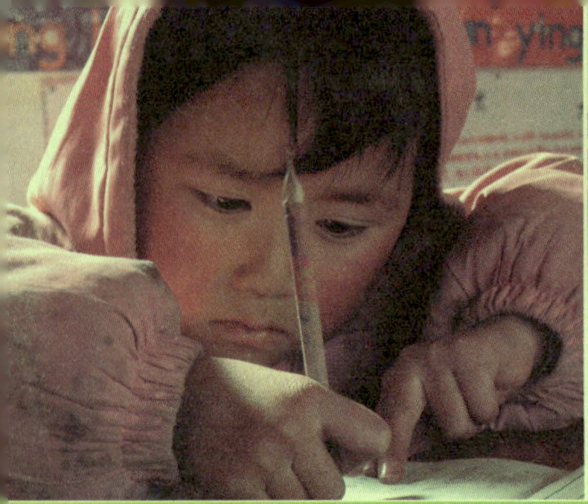

上部

乐施会在中国

第一章　情系“5·12”

紧急驰援，回应大灾

王　强

2008 年 5 月 12 日 14 时 28 分，香港北角马宝道 28 号华汇中心 17 楼，乐施会总部，这家独立的国际发展及救援机构，高层领导们正在开会，出席的除了乐施会总裁施日庄及各位董事，还有乐施会中国部总监廖洪涛，11 日从兰州赶到香港总部的乐施会中国部环境与灾害管理项目经理、兰州办公室负责人丁文广，以及中国部传播统筹段德峰。他们这两天正就“灾害气候变化对贫困的影响”这一主题以及机构发展战略展开深入讨论。

会议开到 14 时 30 分多的时候，廖洪涛发现自己邮箱里传来乐施会贵阳项目办公室一位下属的邮件，他像往常那样不经意地打开邮件，吓了一跳：就在刚才 14 时 28 分，四川发生大地震。随后，不断有来自中国部的邮件发过来，汇报这一惊人消息。廖马上向与会者通报了这一消息。整个下午，乐施会的成员们都在关注四川震情。最初网络公布的死亡数据只有 5 个人，但廖洪涛注意到，这 5 个遇难者中，有 4 个是重庆的学生，而且重庆有 100 多人受伤。根据经验判断，廖洪涛认为，既然远离震中汶川的重庆都有 4 人遇难了，灾情肯定会很严重。

15时38分，网上公布的震级已经由最初公布的7.6级上升为7.8级。国务院总理温家宝即刻赶赴灾区指导救灾工作。当天晚上，更多的伤亡情况和更严重的灾情被

2008年5月12日14点28分，四川阿坝羌族自治州汶川县发生特大地震。图为位于震中汶川县映秀镇的地震现场。

公布出来。中国汶川大地震顷刻间震惊了世界，也让乐施会的很多高层度过了一个不眠之夜。

第二天早晨9时，乐施会总部紧急召开会议，决定拨款1 200万元港币用于“5·12”汶川大地震中的物资援助以及灾后重建，并决定开始向香港公众进行筹募捐款活动。同时乐施会还决定，随后的两个周末，在港九新界街头多个地点义卖“乐施米”，义卖所得将用作支持地震灾民及持续的扶贫工作。

当天中午 11 时，乐施会总部指示贵阳办和昆明办负责环境和灾害项目的官员们赶赴四川，迅速组建四川地震救灾前线工作团队。与此同时，乐施会兰州办的几位职员也迅速赶赴受地震影响的甘肃灾区进行救援。16 日，丁文广即刻中止手头的工作，从香港飞赴成都，临时指挥一线工作。

一场在乐施会历史上前所未有的大规模灾难援助正式拉开大幕。

紧急驰援

第一时间赶到成都的是乐施会贵阳办的环境与灾害项目官员李弘。13日中午李弘接到总部的命令后，于第二天中午抵达成都，马不停蹄开始灾情的信息收集和调查工作。

14 日 13 时，乐施会昆明办的项目官员刘盛赶往成都与李弘汇合。当天晚上，两人在房子已有三条裂缝的宾馆里，经历了两次余震，却一直在讨论如何开展第二天的前期调查工作以及如何在交通管制的情况下进入一线。

地震当天，昆明办农村生计项目统筹官员张松正在广西桂林进行雪灾后续调查和项目后期评估。在接到总部紧急奔赴四川的命令后，他马上与国务院扶贫办进行初步沟通，希望能通过扶贫办的帮助到四川灾区参与救助。此前乐施会在内地的很多项目都是与扶贫办合作的，双方有深入的了解和信任。国务院扶贫办相关部门马上同意了乐施会的请求，并紧急联络四川省扶贫办，由其负责与乐施会在四川的对接和协商。16 日凌晨零点多，张松飞抵成都。

15日早晨8时30分，一辆三菱帕杰罗从位于云南省昆明市西华小区的乐施会昆明办驶出，飞速向着四川方向奔去。车上是司机杨光远和富有灾害救援管理经验的昆明办环境与灾害项目官员陆文波。经过两天急行军，行程960多公里，两人于16日中午开进了成都市区。

16日早晨8时，丁文广登上飞往成都双流国际机场的飞机，于当日中午到达成都，坐镇指挥前线救援。

段德峰是16日晚上19时25分从香港登机的。他注意到，差不多能坐200多人的飞机当天只坐了80多人，大部分是飞赴四川的救援组织，还有无国界医生的几名骨科医生。段德峰到达成都已经是半夜11点多了。

此前，乐施会中国部农村生计项目副经理冯明玲也已到达成都，她负责此次由

2008年6月1日，昆明办项目统筹薛金玲“全副武装”，运送救援物资去汶川途中。

乐施会资助的四川大学华西公共卫生学院实施的抗震救灾卫生防疫工作。

随后，昆明办项目统筹薛金玲、昆明办农村生计团队项目官员王燕斌、中国部合规统筹王迪民和司机徐庆平也都赶到成都。

19日中午，中国部总监廖洪涛与乐施会传讯干事黄子玮从香港也飞到成都，廖洪涛正式接过指挥权。

到22日，在四川，已经有15位乐施会中国部工作人员忙碌在灾区。

与政府有效合作

到成都的第二天，李弘和刘盛开始深入重灾区进行调查评估，以为下一步的项目建议书提供第一手信息。通过努力，李弘被允许随一支救援队进入到都江堰市的向峨乡，刘盛则搭上了一家企业的救灾物资车队进入绵竹县城。随后，他们又去了另外几个重灾区，了解灾民的救助需求以及当地政府救助覆盖情况。

但要获得一线的准确信息，除了到现场调查外，在这么大范围和这么严重的灾难面前，有些重灾区一时难以到达，需要从地方政府那里获得更广泛的信息。张松飞到成都的半夜，就与四川省扶贫办官员沟通乐施会的救援思路，并进一步了解各地的灾情以及省扶贫办的救助安排。

第二天早晨，张松来到省扶贫办办公室，在省扶贫办详细介绍了他们的救灾管理体系后，双方开始分析和确定乐施会的工作目标和救助区域。当天上午，双方初步确定了5个救助县：平武、安县、绵竹、茂县和理县。

最初，有关部门建议乐施会把所有救灾资金和物资都交给中国慈善总会，由慈善总会负责发放。这样当然是最省力的，但乐施会担心，这种方式可能使乐施会的资金和物资淹没在浩瀚的救灾资金和物资里，起不到应有的作用，也发挥不了乐施会作为NGO组织的特色。所以，他们最终确定借助扶贫办的力量，保证救援物资能准确送到每个救助点。

在救灾物资送达目的地的问题上，四川省扶贫办最初建议乐施会把物资运送到市一级就可以了，物资发放由市里负责。但张松代表乐施会提出，物资最少要送达受灾县。四川省扶贫办同意了乐施会的要求，认为在交通允许的情况下，乐施会的救灾物资可以运送到县。

随着工作的深入，四川省扶贫办对乐施会及其工作机制也有了更多的了解，并责成专人负责与乐施会的对接和联络沟通。每天，除了参与灾区调查和物资筹备工作，张松最少要5次电话联络扶贫办，确定捐助区域的最新需求、道路交通情况、新的救助点、每天的具体方案等每一个细节。

新的救助点确定后，扶贫办的工作人员配合乐施会的工作人员一起到灾区调查核实，深入了解灾区和灾民的物资需求。但在物资送达目的地这一问题上，乐施会工作人员仍遇到了棘手的问题。

5月17日，段德峰与同事去彭州送救灾物资和药品。车刚下高速公路进入彭州收费站，就看到路边上设立的一个“彭州市捐赠物资接待处”，旁边有几张桌子和几名当地的工作人员。当地人介绍说，这个接待处的任务就是，要求所有外地运送救灾物资的车辆在此卸货，然后掉转车头打道回府。

很显然，对乐施会这样追求高透明度的机构，这样的操作很难向捐款人交代。所以，廖洪涛要求尽可能将救灾物资送到物资最为匮乏的更基层的农村和社区的灾民手里。

在有了初步的合作基础后，乐施会进一步提出了救助物资要送达乡镇甚至每一

2008年5月22日，乐施会资深项目官员陆文波在青川县向灾民介绍乐施会物资发放标准及要求。

在汶川发放物资。

个村子，省扶贫办经过协商后，同意只要交通允许，可以直接送达村镇。这一突破使得救助的目标区域和目标对象更为明确，信息的反馈也更明晰，乐施会可以让香港的捐助者知道自己捐助的资金去了哪里，而这也更有利于灾后的项目评估。

乐施会总裁施日庄对乐施会中国救灾团队的工作提出了赞扬，他称："经过与政府有关部门的密切协调，乐施会在前线的同事已全面投入救援工作，并知道如何充分有效地运用乐施会的人力和经济资源，为偏远县份及安置中心的灾民提供服务。"

打破常规

在初步的灾情评估后，乐施会认为灾情比他们预想的要严重得多，而且地震灾区需要投入大量资源进行重建工作。5月16日，该机构将援助金额增至2 500万港元。

乐施会前线小组也了解到，由于多个离震中较远的灾区县份物资短缺以及公共卫生情况日渐恶化，需要救援组织支持。16 日，乐施会决定动用约 700 万元人民币，采购流动洗手间、流动浴室、急救包、治疗外伤物品、棉被、寒衣、帐篷、饮用水、牛奶、饼干等物资，运送至较偏远的受灾地区。

如何在短时间内采购这么大宗的物资，并保证快速送达灾区，对于第一次面对如此大规模的灾难救助的乐施会来说，也是一次挑战。常规的救助程序已经不能满足四川大地震的紧迫性。

在乐施会以往的局部灾难救助中，通行的模式是找一家合作伙伴，把资金交给合作伙伴管理，物资的询价和运输发放由对方负责，乐施会只负责监督资金的运用、产品的质量以及项目后期的审计和评估。

但四川大地震情况紧急，来不及寻找合作伙伴，更不可能有时间与其进行磨合。所以乐施会的行政和财务部门建议：是不是由乐施会自己来询价和采购物资以节省时间？

董事会马上同意了这一建议，并迅速在昆明成立了询价小组和采购小组，负责大宗物资的询价和采购。

而在项目建议书的审批上，这次也打破了以前的流程。按照以往惯例，这种涉及金额较大的项目建议书的成文和审批需要一个缜密而复杂的流程。首先是灾情评估人员进入灾区现场，调查灾民最需要什么，哪几个地方是重灾区，与地方政府沟通以了解哪些地区政府救助已经覆盖到了、哪些地区没有覆盖到，此外还要利用工具做脆弱性调查，确定哪些是脆弱性人群，这个过程最少需要两天时间；评估结束后，确定需求物资的种类和数量，再对采购物资进行询价，货比三家，联系物资，这最少也需要一两天；然后进入采购程序，在以上调查的基础上，才能写项目建议书，这最少也需要一个晚上；项目建议书写完后，要先发给财务经理审核，财务经理通过后，发给相关的行政部门，审核有没有算错的地方，行政审核完后，再发给合规人员，审查费用有没有超标，包括志愿者费用、出差费用、住宿标准、电话费补贴标准以及一些不可预见费用；合规审查结束后上报中国部总监，总监通过后上报董事会，由董事会召开会议最后审批通过。这样的层层审批，即使在各个岗位人员都在岗的情况下，最少也需要两天。项目建议书通过后，马上通知供应商准备物资，再运输到灾区，有时候也需要两天时间。所以，从乐施会救助人员第一天进入灾区，到救灾物资发放到灾民手里，一般最少需要 8 天的时间。

在四川大地震的紧急情况下，原有的程序必须被打破。

从乐施会救助人员14日正式开始工作算起，在省扶贫办的协助下，前期的灾情调查和灾民需求以及救灾点的确定，只用了两天时间。16日，救灾物资采购的品种和数量等就基本确定下来，在此基础上，17日凌晨，陆文波连夜赶出了一份初步的项目建议书，发送到廖洪涛的电子邮箱。

而此前，廖洪涛也向总部申请，由于情况紧急，四川地震救助的项目建议书可

领取到彩条
布的村民。

能不会如以往那样详细和信息完整，甚至物资送达的地点都有可能不确定，但董事会应当特事特批，待救灾结束后再补充完整。董事会马上同意了廖洪涛的请求。

17日凌晨2时，廖洪涛把陆文波赶出的项目建议书转发给董事会各成员，第二天一大早，董事会成员们通过邮件批准了项目建议书，省略了以往的董事会会议讨论程序。

项目建议书获批后，廖洪涛马上通知昆明办的采购组，进行大宗物资采购。

而为了保证程序的公开和透明，询价小组由1名行政人员、1名内部审计和3名项目经理组成，在货比三家后，他们向采购小组提出采购建议，经总监批准，采购小组马上投入采购。

19日上午，第一批大宗物资——19 500箱牛奶运抵成都，并迅速被运送到各个指定灾区。

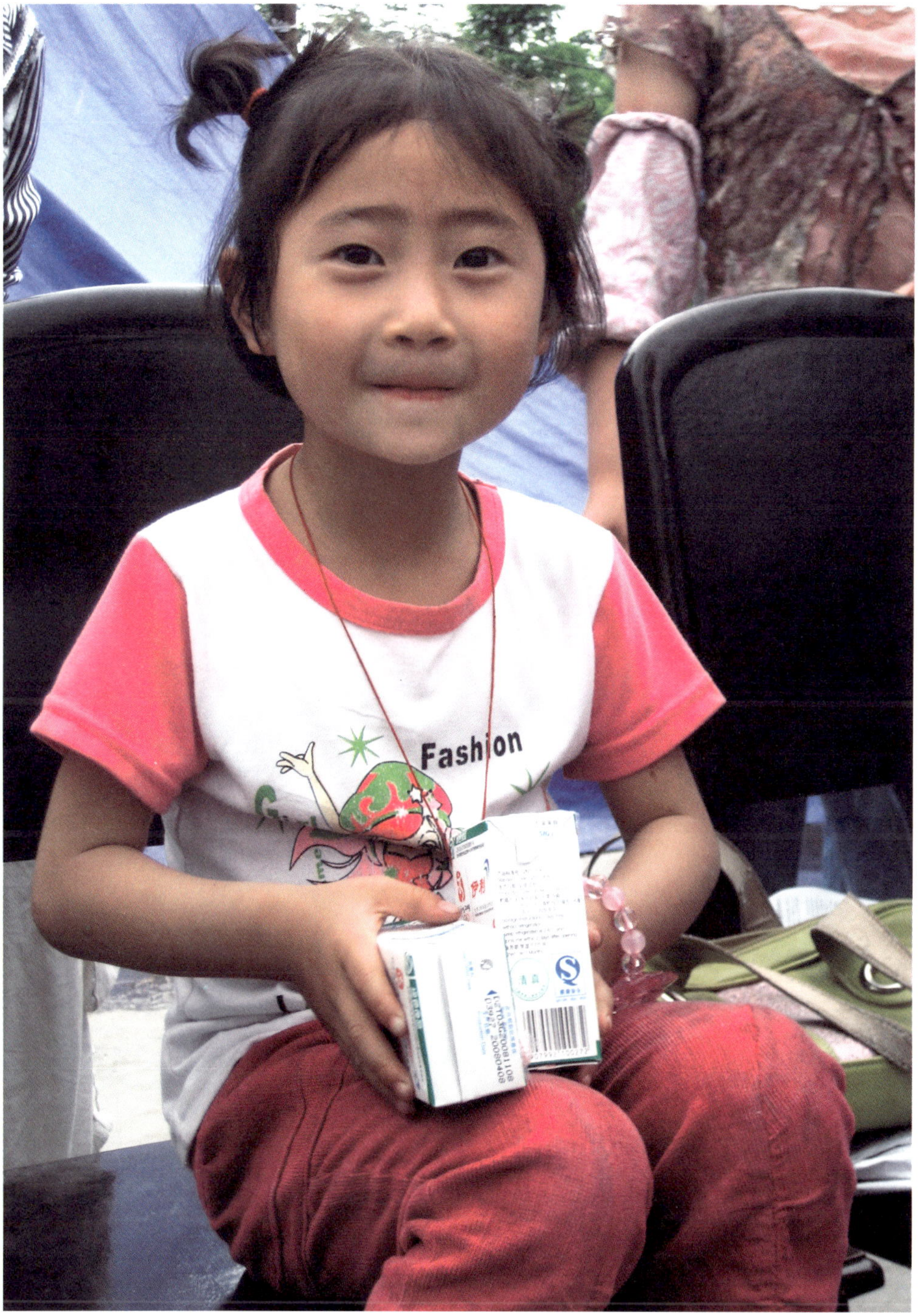

绵竹花石桥社区的杨洋小朋友领到了乐施会发放的牛奶。

随着大宗物资采购的开始，廖洪涛也建议总部把大宗物资与小额物资采购结合起来，允许前线救助人员携带现金采购几十万元的小项目，进行灵活援助。董事会随即同意了这一建议。在乐施会的救助历史上，这是第一次允许救助人员随身携带现金在本地进行小额采购，但规定采购时必须有至少2名全职工作人员和1名志愿者在场，以杜绝腐败的发生。

寻找政府救助的空白点

如何发挥NGO组织在大灾难中的救助作用，体现自己的角色特点，乐施会有丰富的经验。

廖洪涛指出，NGO组织不可能取代政府成为救灾的主角，尤其在中国这样的强大政府救助系统中，NGO的作用应该是政府救助的补充。

救灾初期，乐施会总部就确定了此次参与大地震灾难救助的一个总体思路：关注受地震灾害影响的弱势群体，包括妇女、儿童、老人、孤儿等；关注偏远而受地震灾害影响的地区；关注救援物资发放到最需要的人群；成为对政府救援工作的一种有益补充；先从事紧急救援，后开展灾后重建。

在灾难救援中，乐施会的小额项目不但灵活，而且很明显地体现了对灾民需求调查的细致和对政府救助的补充作用。

陆文波到达四川后，就开始着手负责一个 12 万元的小额项目，这 12 万元的物资需要在当地临时采购，并分送到 4 个灾区县。陆文波以前做林业工作，曾经是云南昭通市人大代表，2002 年 1 月 1 日到乐施会昆明办工作，负责环境与灾害管理和救助。她曾参加过宁洱等多次地震救灾，有着丰富的灾害救助经验。她认为，NGO的救助应该体现自己的特色，救助对象和物资采购应该更为细化。所以这次救助的对象以妇女、儿童和边远少数民族为主，并且充分考虑到了这些特殊灾民的特殊需求。

18日，这个小额项目的部分物资被送到都江堰市向峨乡一个由当地社会组织设立的救助站，其中包括150包卫生巾、3吨大米、0.5吨食用油、15袋葡萄糖、114包榨菜、50件火腿肠（500包）、11瓶花露水、4箱消毒药（5 200元）以及奶粉，充分考虑了妇女、儿童等少数人群的特殊需要。

18日，陆文波也随这批救灾物资到达向峨乡。她发现，灾后当地妇女的卫生间题很突出，而哺乳期的婴儿由于母乳缺乏也面临饥饿状态，一名只有4个月大的婴儿，由于妈妈一直只能吃到方便面，也连续几天得不到母乳喂养。乐施会的这批物资在一定程度上缓解了当地妇女和儿童的需要。

此前，陆文波从四川省伊斯兰协会网站上还看到了一则倡议，说青川县的几个回族乡镇有大量穆斯林灾民需要救助，而这也符合乐施会的救助对象范围，于是她决定除了4 000箱牛奶等大宗物资外，把12万元小额项目的一半资金也用于青川县穆斯林灾民的救助。在与省伊斯兰协会和地方伊斯兰救助组织协商后，6万元资金被用来采购了100箱食用油和100箱榨菜以及部分急救药品。

第二天，这批物资在交通仍有滑坡和泥石流危险的情况下运抵青川，并直接发放到了灾民手里。

记者22日离开四川时，乐施会的其他大宗物资正源源不断从全国各地运抵，并在第一时间直接送到当地灾民手里。

理县薛城镇的羌族妇女在搬运乐施会救助的被服。

灾后重建的考量

截止到2008年5月23日，乐施会为此次地震的救援工作筹得4 372万港元。乐施会仍在呼吁香港市民继续捐款，以支持更长远的灾后重建，协助灾民重建家园和恢复生计。

廖洪涛告诉记者，乐施会最新确定将募集1亿港币，用于四川地震的物资救援和灾后重建。“从香港市民的热情看，筹集1亿港币不成问题”，他说。

物资救助仍在进行之中，乐施会已经开始前瞻性地考虑灾后的社区系统重建。

22日上午，廖洪涛与四川省扶贫办专门召开了一个协商会，重点讨论乐施会下一步在灾后重建中的空间问题。廖洪涛向四川省扶贫办建议，乐施会希望能集中在几个社区或者乡村进行包括系统性灾后重建的协助工作。

在这方面，乐施会已经有了一个初步思路，即在与地方政府沟通的基础上，由

乐施会援助甘肃陇南灾区的236吨面粉。

茂县风仪镇前进村的村民在分发乐施会捐助的彩条布时说："你们真是雪中送炭！"

地方政府确定几个受灾比较严重的社区或者乡村，由乐施会总体负责，包括地质评估、整体规划、设施重建和灾后的灾害教育和灾害管理，以及灾民心灵重建与信心重建，调动重建过程中灾民的参与意识。

"灾后重建不仅仅是建筑物的重建，家园和硬件设施的重建，也包括心灵和文化以及民主的参与意识。"廖洪涛说，"在灾后重建过程中，NGO 组织在公民社会的推动和调动社区以及基层民主意识方面显然具有广阔的空间。"

（本文选自《商务周刊》2008 年第 11 期，记者：王强）

乐施会"5·12"汶川地震救援及重建大事记（截至2009年5月）

2008年

5月12日　知悉地震发生，兰州办紧急成立临时救援小组。

5月13日　拨款1 200万港元用于汶川地震救援和灾后重建，并决定在香港举行筹款活动，建立专项基金。

5月14日　首批救援人员赶赴成都和甘肃灾区，评估灾情与需求，并与扶贫办等合作伙伴取得联系。

5月15日　制订救灾物资的集体询价和采购办法。昆明办、兰州办和贵阳办员工在志愿者的配合下展开救援。

5月16日　救援资金增至2 500万港元，展开本会迄今为止最大规模的救援行动。昆明办同事开始采购第一批价值700万元的救灾物资，并与华西医科大公共卫生学院合作，组织医务人员和志愿者到灾区开展防疫消毒工作。

5月17日　在四川绵竹、安县等重灾区发放第一批大宗救援物资，并与志愿者合作，在彭州、都江堰等地发放小额救援物资。

5月19日　甘肃省陇南市武都区和文县地震灾害救援项目的资金预共计人民币1 563 620元获批。

5月20日　第一批大宗救援物资13万盒牛奶派发至重灾区绵竹市、青川县、什邡市及安县秀水镇，以满足灾区老人儿童的营养需要。

5月23日　决定向香港公众筹款1亿港元用于救援和重建（至6月12日已筹款9 000万港元）。

6月1日　在成都成立四川项目办，专项开展长期救援与重建项目，并于8月前完成组建。

6月10日　第一个过渡性学校重建项目——彭州市丽春镇北君平小学完成并投入使

2008年6月，乐施会成都办公室成立，图为参与筹建全过程的乐施会合规统筹王迪民。

孩子们以最开心的方式感激捐赠者。

用，1 000多名小学生复课。

至6月底　在四川、甘肃及陕西3个省共17个县市和85个乡镇开展救援。采购物资价值人民币21 816 889元，提供临时学校支出人民币3 598 750元，共计人民币25 415 639元。整体受益人数279 963人，其中四川灾区216 682人，甘肃灾区52 917人，陕西灾区10 064人。

8~12月　第一批灾后重建项目在四川的彭州、理县、广元、青川、安县、剑阁和陕西等地的贫困农村开展，同时在甘肃灾区开展部分农村小学的重建工作，并与中央民族大学和西南民族大学等合作，开展少数民族地区重建的文化保护研究和政策建议项目。

乐施会在什邡市湔氐镇向灾民发放被服。

2009年

1月20日　与国务院扶贫办外资项目管理中心及中国国际扶贫中心签订《开展汶川地震贫困村灾后恢复重建试点项目框架协议》，共同在80个贫困村开展灾后重建项目。

5月　与扶贫办合作的第一批40个贫困村重建项目全面启动，每个村预算拨出100万元人民币，重点修复贫困农村社区小型基础设施，以村道、水库和灌溉渠道等为主。

雪中送炭解燃眉　乐施真情暖人间

——记乐施会康县冬季取暖紧急救援行动

葛晓荣　沙　磊

经过20天的紧张工作，乐施会甘肃陇南灾区的取暖紧急救援项目告一段落。在这两天的回访中，看到老百姓围坐在炉子旁边取暖的场景，在这个寒冷的冬天，我的心也因此被感染得暖暖的，感觉春天的脚步似乎也越来越近了。

发放现场：16个小时和一碗方便面

2009年1月9日，早晨不到8点钟的时候，接到华亭煤炭运输公司的电话，说是煤炭已经运达康县县城，我们立即与康县民政局和各个乡政府取得联系，乡政府马上派人赶到了煤炭运输车辆到达的地点，并各自带领司机将煤炭卸载到煤炭发放地点。

当我们赶到碾坝乡安家坝煤炭发放现场的时候，看到乡政府几名工作人员在党委冯副书记的指挥下，已经开始了紧锣密鼓的发放准备工作，而安家坝的292户老百姓也已经带着装煤炭的袋子、推着架子车来到了发放现场，准备领取煤炭。

在煤炭正式发放之前，康县组织部赵亚军部长以及民政局杜永宏局长来到了现场。赵部长对老百姓说道："此次发放的煤炭是由乐施会捐赠的，是外界的慈善公益组织对灾区人民的关爱和关心，希望大家在领取煤炭的同时，能够报以感恩之心，不枉人家对我们灾区人民的心意。"

从早上 9 点到第二天凌晨 1 点多的煤炭发放过程中，冯书记带领乡以及村委工作人员，无论是在前期准备工作，还是在老百姓的身份核实、签字的监督、煤炭数量的过磅等过程中，都一直坚守在发放现场。晚上 9 点多的时候，据现场的村委干部说，"冯书记从早上 9 点到现在只吃了碗泡面"。尽管在老百姓眼里，这位乡党委书记有着这样那样的不足，但是听到这样的话，我们对这位书记有了一分佩服。

今天，是"三九"的第一天，是冬天里最冷的时段。夜里，气温特别低，但

领到煤炭的村民喜气洋洋。

是煤炭的发放工作依然有序进行着。而明天，希望大家就可以燃起今天领到的煤炭，在“三九”天里点燃温暖的希望。

后期回访：雪中送炭暖人心

煤炭发放工作结束后，为了确保每个有需要的家庭领到煤炭，也为了从老百姓的反馈中了解发放煤炭的质量，我们对几个村子进行了回访。在回访的过程中，遇到的人和事都让我们非常感动。

小婉婷的帐篷也温暖了

2008 年 12 月 20 日，乐施会“汶川地震甘肃省陇南灾区冬季取暖紧急救援项目”确定实施，我们也于 12 月 21 日赶到了陇南市康县进行需求评估以及选点工作，而碾坝乡安家坝村则是我们当时到访的第一个村子。

在“5·12”地震中，安家坝村受损极为严重，全村基本全部为重建户，而左家坪社和玄马湾社因灾情极度严重，在灾后的重建工作中，共81户被列为首批整体搬迁重建的村社。到目前为止，新的房屋还没有修建好，所以他们大部分还居住在安置点的帐篷中。

左义国和他的妻子左正红以及1岁半的女儿左婉婷一家三口住在康县碾坝乡安家坝村左家坪社，平日生活主要靠左义国外出打工赚点钱，但“5·12”地震发生后，照顾家人、重建房屋的重担都落在了他的肩上，无法再外出打工赚钱贴补家用。

前期评估的过程中，当我们到达左义国所在的安置点时，正逢大雪。走进左义国居住的“家”中，单薄的帐篷里温度很低，与在冰天雪地中无太大差别，而令人尤为心疼的是，年幼的左婉婷也冻感冒了，在冰冷的床上一直流着鼻涕。

访谈中我们也了解到，11月份的时候，康县民政局为了缓解灾民过冬困难问题，已经采购了部分煤炭，左义国家领到了200斤。可即使仅供取暖用，这些煤炭也只能维持大概20天，根本无法满足碾坝乡长达5个月的取暖季节的需求。如此大的取暖缺口给这个三口之家带来了不少困扰。

小婉婷一家。

在乐施会的煤炭发放之前，左义国家领到的政府煤炭早已烧尽，因为没有钱买煤炭，他们只有到处寻找柴火取暖，可柴火的燃烧时间太短，根本无法满足需求。2009 年 1 月 9 日，乐施会采购的 74 吨煤炭运到安家坝，并连夜发给了老百姓。到 1 月 11 日回访时，大多数老百姓家里已经燃起了炉子。当我们再次走进左义国的帐篷时，他与妻子热情地招呼我们取暖烤火，而可爱的左婉婷也在帐篷里高高兴兴地玩耍。

在聊天的过程中，左义国说："尽管以前的房子倒塌了，但是有很多人一直在帮助受灾的人，住在帐篷里，能够烤上火已经很好了，而且这次发的煤炭，可以用一个多月，很满足了。"问及以后的打算，他说房屋重建花去了很多钱，除了政府补助的2万元外，其他的基本都是贷款或者借亲戚的，所以房屋修好后，打算自己在家里搞点养殖，没有多少资金，只有从小处做起，收入可能会少，但还是能赚点钱补贴家用和还债。

左义国，这个朴实的男人，话不多，但从他的眼神中，可以看到对未来生活的坚定希望。离开的时候，他们一家送我们出门，只会说简单话语的小婉婷也挥着小手，对我们说着再见。

普通农妇的真心与爱心

1 月 9 日在安家坝发放煤炭，为了保证煤炭顺利发到每家每户，我们一直守在发放现场。晚上 9 点多的时候，一个妇女走到我们跟前，问我们是不是记者，我们回答不是，同时告诉她我们是乐施会的工作人员以及我们为什么会在煤炭的发放现场，随即她就给了我们一张纸条，她说："我是农村人，不会说什么话，就在纸上写了几句话，真的很感谢你们。"

打开纸条，上面写着："谢谢您们对农民的关爱，我代表在场领煤的人衷心向你们说声谢谢，您们饿着肚子，连饭都没吃，跟着农民在此地受冻，坚守工作，谢谢。"从落款处，我们知道她叫张志艳。

张志艳家中 6 口人，她长年在家照顾着年迈的公公以及 3 个孩子，而丈夫刘崇高则在南方打工，每个月辛苦赚来的 1 000 元钱，省吃俭用，大部分都要攒下来，因为两个儿子都还在上高中，每年的学费以及其他开支就要 5 000 元，而生活上的物资还都是从家里带去的。沉重的负担让这个家庭过得极其俭朴。地震发生后，家

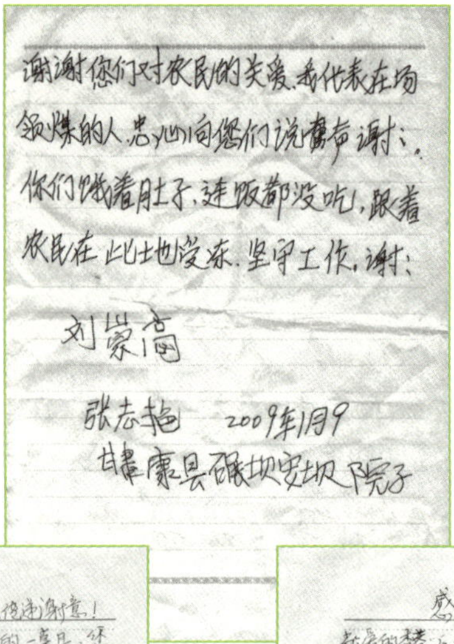

谢谢您们对农民的关爱，我代表在场领煤的人忠心向您们说声谢谢，你们饿着肚子，连饭都没吃，跟着农民在此地受冻，坚守工作，谢谢

刘崇高

张志艳 2009年1月9

甘肃康县碾坝安坝下院子

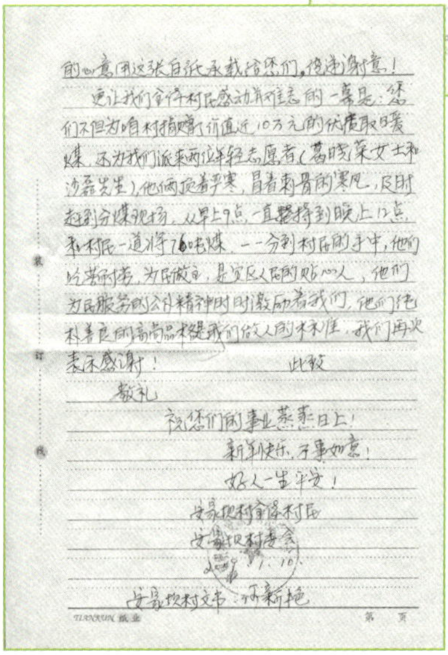

的心意用这张白纸承载给您们，传递谢意！

更让我们全体村民感动难忘的一幕是：您们不但为咱村捐赠了价值近10万元的优质取暖煤，还为我们派来两位年轻志愿者（葛晓荣女士和涉磊先生），他俩顶着严寒，冒着刺骨的寒风，及时赶到分煤现场，从早上7点一直坚持到晚上12点，和村民一道将76吨煤一一分到村民的手中，他们吃苦耐劳，为民做事，是灾区人民的贴心人，他们为民服务的公仆精神时时激励着我们，他们纯朴善良的高尚品格是我们做人的标准，我们再次表示感谢！ 此致

敬礼

祝您们的事业蒸蒸日上！

新年快乐，万事如意！

好人一生平安！

安家坝村全体村民

安家坝村委会

09.1.10

安家坝村文书：孙新艳

TIANRUN 纸业 第 页

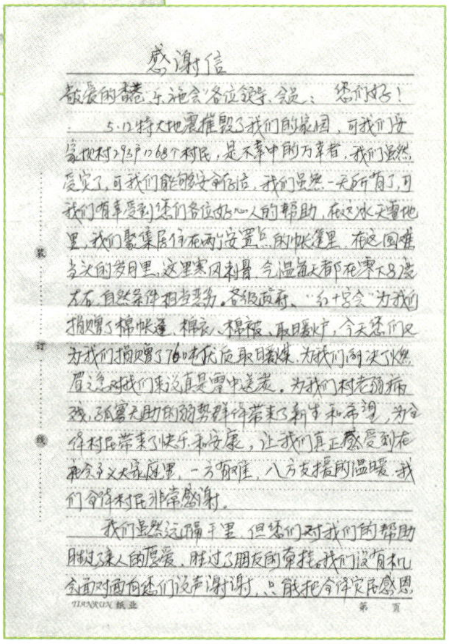

感谢信

敬爱的香港乐施会各位领导、会员： 您们好！

5.12特大地震摧毁了我们的家园，可我们安家坝村293户1268个村民，是不幸中的万幸者，我们虽然受灾了，可我们能够安全的活着，我们虽然一无所有了，可我们有幸受到您们各位好心人的帮助，在这冰天雪地里，我们聚集居住在两个安置点的帐篷里，在这困难多灾的岁月里，这里寒风刺骨，气温每天都在零下8度左右，自然条件相当艰苦。各级政府、"红十字会"为我们捐赠了棉帐篷、棉衣、棉被、取暖炉，今天您们又为我们捐赠了76吨优质取暖煤，为我们解决了燃眉之急，对我们来说真是雪中送炭，为我们村老弱病残、孤寡无助的弱势群体带来了新生和希望，为全体村民带来了快乐和安康，让我们真正感受到在社会主义大家庭里，一方有难，八方支援的温暖，我们全体村民非常感谢。

我们虽然远隔千里，但您们对我们的帮助胜过了亲人的厚爱，胜过了朋友的帮扶，我们没有机会面对面向您们说声谢谢，只能把全体灾民感恩

TIANRUN 纸业 第 页

朴实真诚暖人心。

乐施会项目官员葛晓荣回访康县碾坝乡安家坝村村民张志艳，了解煤炭发放情况。

里的三间房成了危房，都是用木头支撑着墙壁，怕不小心倒掉。现在，两个儿子一个高一、另一个高二，他们担心，如果孩子将来考上大学，家里更加供不起，所以就不敢借钱修房子。毕竟孩子能多学点知识更重要。

2009年冬天，张志艳自己家花钱买了500斤煤炭，但却一直不敢连续烧着取暖。张志艳说，因为煤比较贵，家里经济本来

就很困难，所以特别节约，一般只有在特别冷的情况下才烧，比如晚上。她还说：“这次发放的煤炭质量特别好，燃烧的时间长，火也很好，烧了一次后，都舍不得再用了，快过春节了，想着春节家里来了客人后再烧这个煤。”

老党员的赞赏与勉励

刘道德，63岁，安家坝村院子组的社长，一个有着30多年党龄的老党员，也是碾坝乡党委成员。

在煤炭的发放过程中，他曾多次找到我们，谈到发放的方式以及解决的方案。回访时谈到这次的煤炭发放，刘道德十分强调并认同乐施会发放到每家每户的工作方式，对于乐施会有专门的工作人员坚守和监督也十分赞赏，因为这在很大程度上杜绝了少发和不发的现象。但是对于发放的方式，老支书还是给出了意见：“当天的发放现场磅秤只有两个，严重耽搁和拖延了时间，应该放3个磅秤，每次3个社同时发放，过磅和签花名册由乡政府干部把关，这样发的话，那天可能也不会折腾到半夜了。”

谈到煤的质量，老支书赞不绝口。他自己家今年也买了一部分煤炭，但是燃烧并不好。他说自家买的那个煤炭上白颜色太多，而这次发的煤炭很黑、很亮、油性较好，很容易就能烧着，而且都是中块煤，没有什么末子，减少了浪费。

“这次乐施会发了那么多煤，我家就可以把原计划买煤的500元节约下来，用来买修房子用的砖或者钢筋了。”老支书开始筹划未来的新生活了。

葛晓荣，2008年加入乐施会至今，任灾害管理与农村生计项目官员，驻兰州；沙磊，2007年10月~2010年1月任乐施会灾害管理与农村生计项目官员，驻兰州。

（图文/葛晓荣、沙磊）

“头脑风暴”
——记肖家坝村社区项目规划大会

肖　莎

2009年6月11日，陕南宁强的肖家坝村委会大楼内，一场关于全村灾后重建的规划大会正在进行。

这场会议源于乐施会对该村的重建投入：100万元的资金，在一个有2 300口人、13个生产组，贫困户超过1/3的重灾村，如何有效地利用，是摆在村民们面前的问题。

在开会前，乐施会兰州办公室项目经理余振威、项目官员葛晓荣在村里通过与村委会和村民代表的座谈，对男女村民的小组访谈、入户访谈，以及实地勘察，了解到村民的诸种需求。

现在，肖家坝的13个村民代表（也是13个生产小组的组长）、村委、镇政府、县扶贫办以及乐施会，共同开会规划这个“百万工程”。

首先，乐施会工作人员列出通过走访农户后得到的村民需求，一个一个地列在

肖家坝村社区项目规划大会。

大白纸上，再参照村民自行描绘的社区地图，让在场村民代表对该村的重建需求有一个整体性的了解，以便在讨论项目时参考或对比。

第一大需求是饮水。肖家坝村仅有50%的农户解决了人畜饮水困难。地震损毁人饮设施2处，管道3公里。好在当地政府正在投入修建位于一组的大型水库，该水库计划于2010年完工，届时肖家坝全村的饮水、用水问题，将全部解决。因此，为避免资源的重复使用及浪费，乐施会将不会对此需求进行投入，而是考虑肖家坝村的第二大需求：路。

肖家坝村级公路约 12 公里，地震中损坏了 8 公里。村民代表讨论后，共同确定了 8 条通组道路的修建需求，见下表。

肖家坝村拟修建道路	估计长度
第一条：九组至十三组组道	长约3公里
第二条：九组至吴家沟组道	长约1.6公里
第三条：七组至唐家沟组道	长约1公里
第四条：八组至永家沟组道	长约1公里
第五条：一组至灯草沟水库组道	长约2.6公里
第六条：六组至陈家沟组道	长约1公里
第七条：安置点至砖场组道	长约0.8公里
第八条：陈家砭至三岔河组道	长约0.8公里
合计	11.8公里

这 8 条通组道路连通了肖家坝除四、五组外的其他 11 个组的道路与村主道，总长 11.8 公里。每条道路情况都相似：路面凹凸不平，下雨天非常泥泞；路面积水，车辆无法行驶。

村民反映：天晴时从家走到附近的街上最近的都需要 1 个小时，平均 1~2 月才上街一次；最近的小学需要走半个小时才能到；运输都是用板车，拉菜子、水稻出去卖，下雨天拖拉机也进不来，养的猪都是外面的大车进来收，收购价也比市场价低。

列出了需修建的组道，村民代表便开始热烈地讨论修什么样的路，逐一发表自己的意见、建议及需求。

一开始，大家一致希望修水泥硬化路，但水泥路的大概预算为每公里30万元，

肖家坝的村道都是这样的路况。

8条组道所需要的费用，远超出了乐施会的投入。

此时，大家陷入了沉默。一阵小声地讨论后，出现了大会的第一次转折：村民们自己提出了新的方案，即 8 条路部分修水泥路，部分修沙石路。对于从哪里开始修水泥路，大部分村民同意从主道的水泥路接着往每组修。但从主道接着往每组里面修，也是让离主道近的农户得到最大利益，离主道远的、条件最差的农户的利益又会被牺牲，这不符合乐施会照顾弱势群体利益的原则。因此，大家最终放弃了这个方案。

另一些村民提出放弃水泥路、全村都修沙石路的建议。但沙石路的成本约每公里12万元，全村8条路的需求还是没办法满足。如果全部都修，每组能修整的道路长度并不长。

在讨论的过程中，乡政府以及村民代表就水泥路和沙石路的成本以及使用期限进行了对比。接着，大家就只修水泥路或者只修沙石路进行讨论。由于资金有限，大家很难抉择。乐施会项目官员便提出以在场所有人员投票的方式来作出最终决定。在场投票人15名，用15个小石头代替15票。为保证投票的公正公平以及避免投票过程中的从众心理，投票的杯子用报纸裹上了，这样每个投票的人就看不到里面的票数。县扶贫办罗主任在门口将“票”（石头）发给村民代表，代表们按照顺序一个接一个单独地在会议室外投票。

投票结束后，由村里的纪检主任当场唱票。结果为：修水泥路10票，修沙石路5票。结果出来后没有过多的争议，在场大多数村民代表说考虑资金有限，沙石路使用年限很短，希望通过修水泥硬化路来满足肖家坝村长期的需求。

但此时，大会出现了第二次转折，因为又有了新的问题摆在村民面前，即如果

村民代表（右）验票。

修水泥路，乐施会的资金也只能支持3公里左右的道路硬化，全村有11.8公里的硬化需求，到底先满足哪条道路呢？评估出的8条道路又该按照什么标准来优先选择呢？村民代表们各自都有主意，讨论之后没有达成共识。

于是，村支书综合考虑之后提出了建议：集中修建贯穿村子东西的两条路，即第一条“九组至十三组组道”和第五条“一组至灯草沟水库”。因为九组至十三组组道实际连贯了九、十一、十二和十三组，修通这条道路后受益人最多，并且山上居住的村民相对贫困；一组至灯草沟水库的道路可以为新建水库以及未来工业园的修建奠定良好的基础。经过交流后，虽然有部分村民代表对未能从这次项目受益感到失望，但大家还是通过了此建议。

最后，乐施会兰州办经理余振威对大家说：“大家可以考虑先把乐施会的资金用好，以后来了新的资金就知道怎么选择、怎么用了；而且，通过大家参与，了解了这次资金的使用，希望下一次有其他资金投入时，能够把资金用在此次没有涵盖的地方。”

我们相信通过这次项目规划，不仅仅是决定了100万元资金投向如何，更重要的是过程中各方代表把所代表社区的需求在众人面前陈明，讨论与表决的过程公开透明，在面对有限资源的情况下通过反复辩论，理性地作出决定。我们希望，此项目除了实际解决几个村民小组走路难的问题外，也能启发村民代表以后讨论公共事务的思路。

肖莎，2008年加入乐施会至今，任传播官员，驻成都。

本文作者（左）与受访者。

第二章　社区赈灾

以社区为本进行灾害治理
——安乐街村的故事

陆文波

听到“安乐村”三个字，立刻会让人联想到安居乐业的景象。但在从前，云南景东县漫湾安乐村的村民却常常活在惶恐之中。每逢雨季，潜在的滑坡威胁就会令他们彻夜无法安睡。当时唯一的解决办法是一旦发现险情，就往屋外跑，所以他们被迫经常搬家，日子过得非常不安乐。

2003 年后，乐施会携手当地政府，以社区为本推行救灾防灾项目，植树造林、修建排洪沟坝，遏制山坡下滑，并向村民提供有关技术及灾害管理培训，提高他们的防灾意识，增强他们参与防灾管理的积极性，村民的日子才稍见安稳，不用再担心长期以来的缓慢性浅层滑坡把村子滑入山脚下的澜沧江。

安乐村背景

安乐街自然村位于云南无量山脉西坡澜沧江边的一个山坡上，已有 200 多年的历史。由街子街后组两个村民小组组成，共 136 户，567 人，其中彝族 367 人。村民的主要收入来源是种植粮食、甘蔗和外出打工。安乐街原是安乐公社的所在地，

安乐街村全貌。

一度是漫湾镇的政治经济文化中心。但是，安乐村处于一个浅层缓慢滑动的滑坡体上，全村人的生命财产安全长期受到滑坡灾害的严重威胁。滑坡体 1973 年开始滑动，至今已逾 30 年，先后有 20 余户村民因房子被滑坡毁坏而搬迁后靠，有 32 户需要搬迁重建，而且下滑趋势逐年加剧，2002 年达到 30 多厘米，安全威胁愈来愈大。1985 年，灾害已迫使乡政府、邮电所、粮管所、供销社等陆续搬走，只有没条件搬迁的村民留守。安乐村冷清了下来，昔日的繁华已不复存在。

灾害追根溯源

乐施会项目组通过有专业经验的顾问与村民一起实地勘察，对灾害进行历史回顾，找到了安乐街滑坡的五大主因：

第一，开发修建公路，公路排水未采取归顺减压措施，产生洪水，洪水排水时冲刷村庄两面干沟，形成很深的临空面，致使村庄地段积水渗透，最终导致山体下滑，房屋拉裂。

第二，出于国家建设和农民生活用材需要，大量砍伐林木，导致森林植被减少。

第三，人口增长，村庄周围林地遭到毁林开垦，导致水土流失。1982年刚包产到户的时候全村耕地面积只有380亩，到现在已发展到522亩，小片开荒接近150亩。

第四，村民建房没有统一的规划，原处于下段的农户由于山体滑坡房子被毁坏，只好搬到山的上部重新建房，但未修筑公共的排水系统，房檐水、生活用水到处乱流，加之周围山坡的毁林开荒，使山体滑坡继续向上延伸，受害面不断向上扩大。

第五，人口密集，建筑物集中，滑坡体上种植芭蕉、甘蔗等含水量高的作物等，一定程度上导致重力滑坡。

各方决定在此基础上进行项目设计，对灾害进行干预。实际上，在乐施会到来之前，当地社区曾进行过努力，但收效甚微。其中的故事一波三折。

社区被动应对

2002年，由于雨量大，雨水集中，云南各地都相继发生洪涝、泥石流、滑坡等灾害，安乐街村民也坐不住了，他们派出代表到县里和乡里汇报灾情，请求搬迁援助。县、乡领导都及时赶到安乐街察看灾情，但是政府也有为难之处，全县有120多个滑坡点，要搬迁只能有计划地逐年安排，何况有的地方已经受灾，不得不分个轻重缓急。所以领导只能说，一定注意安全，下大雨的时候不要在房子里。

村民们曾经自发组织起来去找有关部门以及养路道班协商，但是这条公路是国道，地方管不了，道班也不是管理部门。村民们只好自行把过水涵洞筑起来。但为了保护路面，他们前脚刚走，道班工人就把涵洞掏开。后来村民索性用水泥把它封住，

项目组讨论。

但洪水却因此危害到隔壁大罗村民小组。

当地政府曾把所属范围内的灾害情况积极向上级反映，并在灾害来临前组织人员监测滑坡位移情况，一旦危险，立即组织疏散。村民小组长也组织村民做一些掏沟、清淤或打木桩等防灾工作，但总有一些不自觉的人在修房子等事情需要时把拦沙坝的石头搬走。由于包产到户、人心涣散，人们对社区公共事务的关注大大减弱。雨季防洪时，村民最多是把水排离自己的房子或土地，大家都是“自扫门前雪”。项目组2002年到社区做能力与脆弱性分析，完成个体和小组访谈后，准备向社区反馈信息，就开了一个群众会，只到会60多人。这还算不错了，据说，以往最多到二三十户。

农村普遍出现大规模人口流动，大部分人特别是青壮年男人外出打工，使安乐村的妇女和老人成为灾害影响的主要承受者。一到大雨天，他们只能坐在屋里，一旦危险就往外冲，非常被动。

NGO介入的思路

乐施会项目组通过调研分析，认为街子街后组面临的潜在性灾害是现实存在而且非常紧迫的，村民和当地政府治理灾害的态度又非常积极，加上技术顾问考察后认为从技术和治理成本来看，治理是可为的，因此，项目组提出在街子街后组通过开展以社区为本的滑坡综合治理，探索灾害管理路子。2003 年 3 月，安乐村社区为本滑坡综合治理项目一期正式启动了。

在项目设计上，一方面采用工程措施与生物措施相结合的办法，达到排水、稳脚、固土的目的，以缓解或遏制山体继续下滑的趋势；另一方面的重头戏则是以项目为载体，使村民通过参与项目的分析评估、设计、实施、管理以及接受必要的灾害管理培训，推动社区自我管理，培养当地政府及村民的灾害管理意识，降低环境的脆弱性，从而逐步增强社区抗御灾害的能力。此外，项目还结合退耕还林、恢复生态的措施，种植紫胶和桑树等经济林树种，使村民减少耕地面积而不减少收入，以帮助村民增强经济实力抵御灾害。

作为外来力量，项目采用了社区为本的灾害管理方法，以村民为决策主体和项目实施主体，强调信任和尊重当地人的知识、经验和能力，把决定权交给村民。社区为本不仅仅局限于完成具体项目，而且着眼于长远的社区能力建设，降低脆弱性。此外，项目还努力整合当地政府和有关技术部门的资源，使其成为支持者和服务者，形成村民主导、政府和技术部门支持的系统应对机制。同时，乐施会作为非政府机构，在社区为主体的参与性方法上给予政府和社区支持。

看得见的改变

“在别的地方是下雨往家里跑，而我们安乐街下雨却要往外跑。我盼了 30 年，做了 30 年的梦，乐施会帮我实现了。现在可好了，下雨的晚上也可以睡一个放心觉了。”60 多岁的李增会老人说。村民们深有感慨：过去一到雨季就提心吊胆，连外出打工也牵肠挂肚，现在悬着的心终于放了下来。通过项目的硬件措施，滑坡体一定程度上得到了控制，2006 年仪器测量地面位移只有 2 厘米，肉眼已观察不到，村民们的安全生存环境得到了改善。

通过参与项目的监督管理和实施，村民自身凝聚力也增强了。此前开村民大会，最多只能来二三十户；现在即使再忙，每家都至少会来一人，而且很多会议是社区灾害管理小组自己召开，并没有政府或其他机构主持或参加。“这个工程对安乐街村民来说，是一项凝聚民心的工程。通过项目的实施，大家认为是在做自己的事情，灾害管理小组的协调也未遇到太大的阻力，群众对小组成员的认同也提高了。”灾害管理小组成员、年逾花甲的文登荣老人不无感慨地说。

选举成立的安乐街社区灾害管理小组为村民提供了组织化参与项目的平台。在项目前期，管理小组组织村民参与决策。项目实施过程中，村民通过小组参与项目协调和质量监督检查。到项目实施后期，小组组织村民讨论项目的后续管理办法以及与灾害有关的其他事务的管理。结果，安乐街村民个别自发的灾害意识变为全局的、整体的、自觉的意识和行动，还诞生了由村民们讨论制定、有约束力的村规民约。

这份村规民约不但涉及保护防灾设施、植树造林，还涉及尊老爱幼、环境卫生等。通过治理，村庄的面貌发生了巨大的改变：以前是稀泥烂塘，难以落脚；现在是道路修宽，干净整齐。有的村民还自己背石头、买水泥，在局部坍方地段修筑简易拦沙坝。每件防灾设施上都用红油漆写上了爱护的标语，并标注了管理责任人。当项目需要占用几棵林木或者田边地角时，也不会遇到太大阻力，大家都甘愿作出一点

社区灾害管理小组成员。

牺牲。义务工的投入率达 80%，有的人十几年都未参加公共劳动了，这一次也积极义务投劳，公共精神重返社区。

备灾和发展

灾害管理不只为村里带来了安全感，还间接为社区发展奠定了基础。自 20 世纪 70 年代开始缓慢滑坡以来，有的村民已搬过两三次家了，并且由于不断重建房屋，基本花光了积蓄，甚至欠下外债。有点儿积蓄的，也担心潜在危险，十几年不敢再建新房。挥之不去的灾害成为发展的拦路虎。但现在经过整治，村民们说："房子不用拆迁，为我们节省了资金，可以用这些钱来做我们过去想做而又不能做的事了。"以前只有等待搬迁的村民现在拿出了自己的积蓄在村里建起了新房，大家开始安心地搞自己的生产了。

事实上，开展灾害管理对社区发展的推动并非意外收获，项目设计之初就把灾害管理和综合发展结合起来，希望通过改变收入渠道，增强社区村民的能力，降低面对灾害的脆弱性。

安乐街村的收入主要来自种植甘蔗和粮食，村民还种植芭蕉做饲料。项目切入

防灾设施。

防灾设施。

后，采用生物与工程措施相结合的办法，将部分耕地退耕还林，在不减少收入的前提下，村民选择种植既保持水土又有经济效益的蚂蝍树和桑树。每亩桑树可以产生1 000元左右的收入，每株蚂蝍树可以卖到3~8元。在沟边地角种植既可做饲料又可保持水土的黄竹草和笋材两用的竹子。

项目实施后，灾害管理小组成员、女村民宋仕芬一家五口一年收入约有11 000元：卖猪和养蚕各收入3 000元，两个儿子上学的开支主要就靠这笔收入解决；另外5 000元是丈夫在不需养蚕的时节到城里打工挣来。过去，由于担心家里受灾，男人们外出打工也不安心。现在，他们可以踏踏实实外出赚钱了。

社会性别视角

在大部分男人外出打工的情况下，女人们承担了生产劳动和全部的家务，还要应对随时可能发生的灾害，因此，她们有自己的经验和知识。选举灾害管理小组成员时，妇女的参与作为一个条件被提了出来，结果在8人小组中有2位妇女。在项目实施过程中，她们积极投入，知无不言，参与意识很强。宋仕芬起初开会很少发言，但通过参与轮流监督值班，经过锻炼后的她也爱表达意见了。乐施会举办参与性灾害管理培训班，安乐村来了4名妇女，她们把握住机会，安排好了家务，全心投入学习，踊跃发言，成为村里的妇女先锋。通过项目推动社区成员提高社会性别意识，增强妇女参与决策的能力，是乐施会项目不可或缺的一个重要元素。

应急预案演练。

安乐小学防灾培训。

文化上的提升

2005 年，在外工作和打工的人回到家里，看到安乐街社区和村民的变化，深受感动。他们捐出自己的部分存款给村里修建了一个小型文化广场，并在上面立碑明志，记载安乐街的发展历史。以前，大伙儿只能挤在村民狭窄的屋檐下开会，现在可以在宽敞的广场上开展各种活动。

也是从这一年起，村民们每年春节都要举行民族传统运动会，六七十岁的老年人也登台表演。大家搞起当地特色的打歌活动，即兴填词，边填词边舞蹈，还把灾害管理也编进了打歌歌词里。年前他们还会张贴广告，欢迎其他村寨的村民参加，人数最多时超过 3 000 人。这时，村民们还组成治安巡逻队负责整个会场的秩序，已举办的三届运动会没出过一起事故。

2007年，安乐村被县委精神文明办公室命名为精神文明示范村，并得到2万元的奖金。村民们添置了民族音乐、体育器材，使节日生活更加丰富多彩。以前以刁民和打架斗殴出名的安乐街村，现在成了精神文明建设的模范。

退耕后造林。

二期项目迈向社区综合治理

2004年10月，乐施会环境与灾害及教育团队组织评估小组对安乐社区为本滑坡进行的综合治理项目进行评估。社区灾害管理小组向评估小组提出了二期项目完善治理工作的计划。小组成员与村民一起用全局角度重新审视了全村与周边村寨的关系，在治水的同时也关注到社区水源的保护和建设问题，组织当地的农民专家手工绘制了完善治理规划图，从而巩固治理成果。各种治理措施呈现于规划图内，让人又一次感受到村民知识的丰富。

2005年3月，二期项目正式启动，2007年5月全面完成。当年，景东地区出现了百年历史上罕见的降雨，且短时间内降雨量集中，临近的景福等乡镇发生特大洪灾，多处地方出现了新的滑坡，而安乐村村民则能够在暴雨之下安居乐业，备灾体系经受住了考验。

“钓鱼工程”带来更多机会

项目的开展为安乐村带来了更多的发展机会。已经 20 多年没有发展项目的安乐村，在2006年得到了县政府有关部门的支持，从十几公里以外引来了自来水，解决了人畜饮水问题。值得注意的是，政府行为发生了变化，自来水项目在实施方式上采取了政府出资、村民自己组织社区项目管理小组购买材料、聘请技术人员安装的方式，既节省了成本，又保证了质量。同时，项目管理小组又组织村民讨论制定了自来水管理办法，按制度实行收费，并由专人管理，保证项目能够持续发挥效益。

2006年，县里又把安乐村列为新农村建设示范村，对村庄村貌进行了美化，修建了村卫生室、灯光篮球场，村民看病也不用再跑到镇上去了。他们还制定了灯光球场的电费管理办法，年轻人晚上想打篮球的时候只需看看电表，打完以后交上电费即可。外村甚至漫湾电厂的工人都会到这里打比赛。

NGO整合利益相关方

"在安乐村做项目，要做完才算成功，因为那里的人太刁蛮了，何况是用社区为本的参与性方法来做。"主要合作单位——景东县民政局领导在我们刚签完协议时说了这样一番话，显示出一开始政府方面对以前从未接触过的这种工作方式存有疑虑，对项目能否顺利推进并无充足的信心。但项目的成功实施最终打消了政府的怀疑，民间组织成为政府和社区有效互动的桥梁。

在实施过程中，镇政府非常重视，成立了项目实施协调小组，由镇长亲自挂帅。

欢乐的安乐妇女。

每次开会讨论有关项目工作，他都让在家的领导参加会议，认为这是难得的学习机会。镇长的做法发挥了示范效应，带动当地干部把参与式方法应用到工作中。要不要做，怎么做，都取决于群众的意愿。结果官员们发现，和村民讨论问题，尊重他们的意愿，对工作开展很有效。

此外，项目的综合性促成了政府的多部门合作。景东县成立了由农、林、水、国土、民政、民宗局领导组成的项目领导小组，副县长任组长。在具体的实施过程中，各职能部门都从技术上给予大力协助，具体工作由技术人员负责。县政府还组织了县级项目评估验收，认为该项目的设计和质量很好，更重要的是，认为以社区为主体的项目实施模式值得推广。景东县国土资源局局长说，打算把这个项目的经验进行专题总结，提交给国土资源厅，作为申报国家级地质灾害治理重点县的材料之一。

通过两期项目的实施，不仅影响了当地社区，更重要的是还影响了参与该项目的各相关利益群体，各方从项目中都得到了一定的收获和启示。简而言之，参与性工作方式，使领导观念和政府的行为方式发生了改变，社区主体意识增强，结果带动政府和社区的关系发生变化。我们期望，以社区为主体的发展理念能成为当地的“主流话语”。

灾害管理小组的可持续性问题

和其他机构的发展一样，社区灾害管理小组也存在可持续性的问题。刚开始由于灾害的直接威胁，无论是村民还是社区灾害管理小组的成员都比较积极。但在情况基本稳定之后，大家就开始各忙各的，只有在有事或有来访者的时候，管理小组的成员才聚在一起，甚至有的成员已外出打工，至于换届选举的事，大家想都没去想。

社区每年都举行传统体育活动，大家也想把活动继续下去，但既没有经费支持，也缺乏集资的点子或渠道，所以这几年做活动的钱是大家集一点、在外地有工作的人捐一点凑起来的，一旦外援没有了，活动可能就停止了。

因为关系私人利益，社区村民很大程度上还是先为自己考虑，比如排水沟修到哪里，水从哪里流走，有时难以达成共识，大家都想把自己房屋周围用水泥浇筑起来，把水引向别的地方。只有技术人员和管理小组再三做工作才能说服他们顾全大局，作出让步。为了不影响项目的总体实施，有时甚至需要承包人员略施小惠，比如帮忙无偿修补坍塌的某个地方等。

在灾害稳定后，社区迫切需要发展经济，然而任何机构的项目都不可能在某个社区永远做下去，总有它结束的一天。作为社区为本的灾害管理项目，到目前已经基本达到了预期的目的，可以结束了。但灾害稳定了，村民们缺钱花，虽然政府在产业发展上也有一些扶持，但满足不了村民的需求。村民们一边对援助表示感激，一边又不得不提出再支持一把的发展援助要求。本来发展与灾害是有紧密联系的，经济的发展也有利于增强村民抵御灾害的能力，但到什么程度或何时是项目撤出的最佳时期呢？这可能也是许多 NGO 项目面临的问题，因为这不是一锤子买卖的问题。

反　思

社区为本的灾害管理，是以社区为主体，在与社区共同分析的基础上有策略地开展一系列活动，包括能力建设和意识提升，以降低社区的脆弱性，增强社区的能力，抵御灾害或降低灾害带来的影响。

从安乐村项目要达到的预期目的来看，需要政府、技术人员和当地村民的共同参与。项目的受益群体——当地村民，是项目的主体，应充分参与项目的决策、管理、

社区备灾仓库储备物资。

监督评估。为使项目具有可持续性，还应在村民充分讨论的基础上制定后续管理办法，成立社区项目管理机构，选举人员进行管理，并设立监督机制监督管理过程。

社区为本的灾害管理要以社区为主体，但绝不只是社区自己的事。它需要政府和技术部门的支持、协助和服务。技术专家的角色也不可或缺，他们在考虑项目的可行性和科学性的前提下与村民充分讨论，尊重当地人的知识并最终与之达成共识，使项目资金的投入满足可行性和科学性要求，并发挥最大的整体效益。基层政府在充分尊重群众意愿的基础上还要协助社区组织进行项目的决策、管理、监督和协调工作，在资金、相关政策等方面予以支持并负责协调相关部门共同工作，引导并协助社区发展向可持续方向靠近，但这并不等于包办代替，特别是在决策权和管理权上不能越俎代庖。要持续开展社区为本的灾害管理，不仅取决于外界的协助，更取决于社区自身的需要。

应用社区为本的灾害管理以及参与式工作方法并非一蹴而就，而是需要不断与当地村民讨论，费力耗时，尽管最终效果显著，但在推广上有一定难度。如何在推广此类方法和理念时降低时间和精力成本，是一个具有挑战性的问题。

后　记

通过两期项目的治理，对风险进行参与性的分析、评估和处理，安乐村滑坡灾害风险已大大降低，但还存在其他灾害风险，而且由于其特殊的地理位置，灾害或紧急事件也有可能发生。为了更好地预防和降低灾害风险，以及减轻不可避免的灾害可能给社区带来的影响，我们不仅需要对社区灾害风险进行管理，也要尽可能做好灾前准备工作，提高社区应对能力；在思想、组织、知识技能、基本的物资准备方面，做好应对灾害的社区准备工作，建立以社区为本的减灾备灾机制。乐施会与景东县合作在漫湾镇安乐街村开展了社区备灾项目，为乐施会和政府及其他非政府机构提供了减灾示范社区的案例，丰富了减灾示范社区的模式。

从软件方面看，与培训结合，引导村民识别社区灾害风险，并对存在的风险进行分析评估，制定社区灾害风险及应急疏散路线图及应急预案，并在县卫生局、民政局、消防队、电视台的大力支持下，开展了安乐街社区应急预案演练，组织了400多村民参与的社区应急预案演练，并在专业人员的协助下，对社区应急分队进

防灾宣传。

行了基本医疗及农村火灾知识培训，提高了社区应对紧急事件的处置能力；对中心学校高年级学生和各村完小校长进行学校防灾逃生知识培训，通过校长对其他学校师生开展二次培训，各村小根据实际情况因地制宜制定各自学校的应急预案。

在风险评估及应急演练中，社区灾害管理小组发挥了组织功能作用。虽然随着小组换届，灾害管理小组成员也发生相应的变化，但它对包括灾害管理在内的社区公共事务的管理功能并没有弱化。迄今为止，社区灾害管理小组仍在社区发挥作用，相信在今后，社区灾害管理小组仍将在社区发挥它包括灾害管理在内的社区组织管理的作用。

在硬件方面，项目与地方政府合作修建了一所 108 平方米的社区公房，平时作为社区活动室，讨论社区公共事务管理，并宣传灾害管理知识和陈列有关社区灾害管理的村规民约等，紧急事件发生时作为应急避难场所。由于安乐村距离县城 120 多公里，周围邻近集镇也没有任何备灾仓库和备灾设施，为提高安乐社区及周边村寨的应急能力，项目购买了 10 顶军用帐篷和 20 套棉被以及发电机、应急强光手电、口哨、急救包等应急物品。物品虽然由灾害管理小组保管于社区备灾仓库中，但社区制定了相应的管理使用规定，周边集镇、村寨社区如果发生突发事件需要时，也可以无条件使用这些备灾物资，只是需要根据要求办理相关手续，并在用完后及时归还到社区备灾仓库。

陆文波，毕业于西南林学院，农业技术推广专业硕士，2002 年 1 月加入乐施会工作至今，任职中国部农村发展与灾害管理项目官员。

（本文原载《中国发展简报》，2008 年春季刊。）

宁洱地震

——乐施会、政府与灾民的三部曲

张海律

“莲花叶”上的“同一首歌”

当地人形容普洱县（现改名为“宁洱县”）为“莲花叶上的小城”，因为这里地下水甚为充盈，随便在地下钻一两米，水就喷涌而出，如同漂在水面的莲花叶上多了个小孔。

2007年6月4日凌晨5时34分，一场6.4级的地震，从那滋润普洱茶的地下袭来，给这个刚改名的名城造成了近30亿元的损失。

当地政府和灾民旋即投入到自救工作中。温家宝总理亲自来探访灾情。随后，以乐施会为代表的NGO也立即派人员投入灾情考察和紧急救援工作。NGO、政府

宁洱地震现场。

和灾民在想法、做事方式上有着诸多不同甚至相冲突的地方，但在以追求工作效率为目的的一次次协调后，最终还是齐心协力共渡难关。他们在这片晃动的“莲花叶”上共唱“同一首歌”。

“呈示部”：各忙各事，各唱各调

“受灾情况还是很严重的，紧急救援项目一定要做，你赶快订明早的机票到昆明，再转车到思茅！”

6月6日晚，地震发生后的第三天，乐施会志愿者接到催促电话，让其赶快参与到他们对灾区的项目考察中去。

第二天一大早，一辆丰田越野车风驰电掣拉着乐施会昆明办事处的3名工作人员刚到灾区，县扶贫办负责人就带他们考察宁洱镇下的裕和、曼连、般海等行政村。工作人员发现，在很多靠近城镇、灾情很重的村落，政府已经投入大量的赈灾物资。项目官员陆文波连忙向陪同考察的官员声明乐施会的工作方式和原则：“我们希望考察那些较为偏远、救援不容易关照到、恢复能力较弱的地区，并在考察后确定是否针对那些地区的灾民展开紧急救援项目。”

“你家有几口人？儿子在哪儿做工？现在最缺什么？”这一边，乐施会工作人员走村串寨，嘘寒问暖，以点带面，估算此次紧急救援项目该从哪几个村入手。“我们今早要开会，动员党员带头捐款！”“我明天一大早还要到马场坡小组报到！”那一边，作为主导角色的当地扶贫办，更是忙得不可开交，仅有的10多个领导和科员，被分配到各个村寨忙活。

负责与乐施会接洽的罗副主任刚从车上下来，就要赶到他负责的马场坡村监督工作，夜里和大多数宁洱人一样，到广场上的帐篷里就寝。恢复电力供应的县城广场上，在华灯初上时放起露天电影。距银幕不远的街道上，挂起一幅巨大横幅——挺起不屈的脊梁，这是温总理视察灾区后给予的鼓励。

“凭什么把我们普洱的名字改为宁洱？”县城里某打印店外有个大叔嚷嚷。除了对原来的名字怀有感情外，大叔还担心这一改会不会造成小部分救灾物资发放错位，因为邮政和物流部门已熟悉新的地名并按此执行，但发货单位还不太清楚甚至没弄清市县的不同。“困难时期，你能不能以大局为重，少唠叨少抱怨？”店里一个正忙着复印资料的公务员批评道：“至少你可以看见解放军帮我们清理了多少危房！”作为受灾中心的县城交通并未中断，能及时得到救助物资。

生活在交通不便的偏远山区的村民，没太指望救灾物资能迅速到位。6 月 7 日，乐施会工作人员来到距城区 10 余公里的化良村，并没有看到满目疮痍、乱七八糟的场面。“你们家没受影响吧？”陆文波迈进农妇陶正慧家，第一眼看到的是完好的墙壁。“这些土箕都是上午刚刚糊上去的。”陶正慧手指着地上的那堆铲子和土箕说。原来陶正慧家人已经冒着余震的危险，自己修补了向内塌方的墙壁。对全县 18 余万灾民来说，特殊的房屋构架救了他们的命，天亮前的地震使得墙壁内塌，并未造成太大的人员伤亡。

“这糊起来的房子也不敢住进去。我家只是以松脂和养猪过点日子，不知道将来怎么办。”陶正慧诉说着自己的悲痛，脸上却没有一点泪珠，反倒显得坚毅。“这一震，半辈子的努力全没了。”乐施会的徐庆平司机感慨道。村支书更强调这是“一震回到解放前”，看着从宁洱中学回来帮忙的儿子已经累得躺在床上，他说：“我这

走访受灾户农妇陶正惠。

350元的月薪供两个儿子读高中本来就很困难，现在只能谁学习好，拼尽全力让谁去读大学了。”陶正慧家里至少还有个在江苏打工的女儿给家里寄回了3 000元，而锅底塘村的寡妇陈玉就只有一个在版纳做砖窑工的儿子可依赖，握着乐施会项目官员陆文波的手，她流着泪说：“感谢政府关心，可我们这样子能怎么办？”把NGO当成政府的村民不在少数，在他们看来，救灾援助就是政府必须做的，县里出售粮油的老板也在乐施会询价时说：“昨天，也是你们政府部门的来买米。”

乐施会项目官员段德峰说：“绝大多数时候，灾害发生的地区都是乐施会项目首先介入，他们面对的都是第一次接触的合作伙伴，难免会出现一些忙乱甚至误解。”助理项目官员刘盛介绍道：“从小的方面看，会觉得是政府相关部门在协助NGO开展工作，但从大面上看，救灾这种大事情，只有政府才有能力充当绝对的援助主角。在一定意义上，NGO是在协助政府，在保证覆盖更全面更公平的情况下，我们也希望能在条件适当时与基层政府分享乐施会在救灾防灾方面的经验。”乐施会的工作程序，一般是在自然灾害发生时介入，有效使用香港市民的筹款实施紧急救援；在与合作伙伴理顺关系以后，再对学校、农村或社区等单位进行“参与式”的灾后重建；几年后，便开始进行以防灾减灾为目的的社区综合发展教育。

如同参加一个合唱节目的各个歌唱者，政府、NGO与灾民在最初的赈灾中都各自忙活，很难合到一个调子里。他们彼此摸索着对方声调，努力渐入佳境。其间，政府无疑是那个高音部，冲锋在前，在救灾中亲力亲为，然而需要持续不断地接待上级领导探望、开各级会议、组织同样受灾的公务员募捐等，这一切让这个高音唱得疲惫不堪；NGO是那个积极认真的中音部，以其微薄的财力试图最有效地救助更多的灾民，虽然清楚自己该发出怎样的调子，却遗憾地发现政府并没跟上；灾民咕噜着低音，除少数怨天尤人的不和谐因素外，大多邻里互助，展开生产自救。老实惯了的云南农民虽很少会去哄抢救灾物资，却固守根深蒂固的平均主义思维，有的村里甚至要帮一家人做主，把一袋大米平均分到每个人手中。而项目官员陆文波则强调，乐施会绝不能把物资平均发放，必须在贫、弱、性别等方面综合考虑后，对困难户、伤残人士等弱势群体有所倾斜，而作为地方政府的扶贫办则有理由担心此举将可能激化矛盾，过惯了平均分配日子的村民会争吵“凭什么他家就能多得”，他们自己工作也会更麻烦。

“发展部”：化解分歧，渐上轨道

“香满园每件202元，每件4瓶，5升的规格，加上一些机动数量，一共需要425件，打个折，85 500元订下吧”，刘盛在超市里讨价还价，对方需要层层上报，很难妥协。“什么？5升的不够！4.5升的不行啊！”一天后，不让价的超市也供不出食用油了。乐施会在紧急救援中，使用最多的工具就是手机和计算器，从讨价还价、货比三家的询价过程，到选定村落，罗列总数的订货步骤，再到掌握数据、列表分析、书写项目建议书，项目人员最终在6月8日下午决定向4个行政村和1个自然村的1 600多户共6 000多灾民发放价值60余万的救灾物资，包括彩条布、大米、蚊帐和食用油。这些超市无法供应的食用油，最后幸运地在县城粮油三门市订购成功，“单价不能让的话，质量你可一定要保证啊。”刘盛强硬地要求油老板。

“你赶快去和那个卖蚊帐的重庆人签个订货协议吧，人家要赶到昆明订货去。”陆文波电话里催促着扶贫办的配合者。“我们不付钱给你，到时扶贫办会来和你签协议，你过段时间再从他们那儿收钱，你也不太可能信任来买那么多物资的外地人吧。”陆文波转头又跟疑惑着的米店老板解释付款程序。为避免购买中可能的“捞回扣”问题，并把赚钱机会给灾区群众，根据乐施会的行事规则，除了当地提供不了的彩条布，其余物资都让合作伙伴扶贫办去和供应商签订供货协议，并在随后把货款打入扶贫办账户，由其代为购买。但是，这样一个看似严谨的购货过程，实施的结果似乎并不令人满意，因为本该起主导作用的当地扶贫办在询价过程中缺席，于是价格对其并不透明，而深埋于各个村寨的扶贫办人员怎么忙得过来呢？

6月9日一大早，救灾过程出现了一个小插曲。扶贫办一位主任来访，说接到上级通知，希望一切救灾物资由县里统筹，即把打上乐施会标记的物资拿到县里，由县里针对整体数据对各村各户进行查缺补漏，或者让乐施会另外找几个村去考察。焦急的陆文波完全不能接受：“这和乐施会的工作原则完全冲突，我们的每一笔款项使用都需要完整的审计过程，并对香港捐款市民负责。乐施会选定的项目点，都必须经过考察。之前去的灾情较重的曼连村，除了政府救援物资外，还得到省红十字会的重点关照，包括每户一顶帐篷、两床棉被以及每人30斤大米和药品，为避免资源重复分配，乐施会才不介入曼连而选择了另外5个村。如果我们的物资只是用来查缺补漏，那何必再做之前那些工作呢？我们之间的信息交流有问题。”后来赶

宁洱赈灾会。

到救灾指挥部，县委副书记说：“我是以为你们还没去乡里考察过。”经过重新沟通，领导最终完全同意并支持乐施会以自己的方式开展工作。

“你们决定要多给特困户里的每个人一袋大米，我担心村民反倒认为不公平，因为村里有些人的贫困的确是懒惰造成的，”某村支书对发放原则表示了不解。陆文波回答：“我们也考虑过这种情况，但如果是祖辈上的物质基础就非常差，那对试图努力的后代也是不公平的，灾难面前就应该只考虑人道主义原则。”救灾的共同目标得以明确后，具体操作方式才能交代给实施救助的 5 个村，乡镇干部和各村支书都接受了按贫困程度进行差异分配的物资发放原则，即每人一袋 30 斤大米，困难户中每人 2 袋，残疾人每人 2 袋。村干部们随即回去确定物资发放花名册并在每个小组进行红榜公示。与此同时，乐施会向各商家订购的物资也陆续确定到位日期。一切终于开始走上正轨，乐施会的工作原则得到了政府和灾民的认可。

“再现部”：物资齐备，农家欢乐

“普老板啊，彩条布、蚊帐和食用油都全部到齐了，你的大米才到 15 吨，快催下景洪那边吧。”忙乱了十多天，就剩最后两天用于发放物资了。这些 NGO 们总算松了口气，准备回昆明猛睡几天，然后再回到村里进行物资分配情况的“村民回访”。

此次乐施会的项目官员陆文波，有着十多年的农村工作经验。曾经是云南昭通市人大代表、做过中专老师的陆文波在加入乐施会的5年间一直负责紧急救援，她认为这一次宁洱救援虽然有诸多不如意之处，但从体力上远远算不上辛苦。以前的项目里，她曾顶着烈日一天走二三十里山路。

加入 NGO 的人或许都能体会，要做一个长期的事业，激情与坚持相比要简单多了。助理项目官员刘盛从长沙某高校毕业才两年，因为希望多出差和拓展视野，所以选择了乐施会。他虽然很了解农村工作的难度，但对紧急救援项目饱含激情，白天听着刚熟悉起来的云南方言，与村民热情沟通，与各个商家老板打趣砍价，晚上抱起笔记本电脑书写那长达十多页的项目建议书，再加上与扶贫办的协议、为将来回访方便而每天自觉撰写的工作日志，可谓把整个时间都献给了工作。闲暇下来，他也看湖南卫视，但很明显，从这个男孩的专注可以看出他对经济话题和讲述普通人奋斗的《变形记》的兴趣要远大于《快乐男声》。同行的徐司机则认为，做 NGO 的没几个“正常人”。刘盛的一个云南大学社会学研究生朋友认为，NGO 工作者都是渴望诉说自己观念的传销者。

幸好，工作组不遗余力的“传销努力”感染了合作伙伴和灾民。一车车物资从厂家陆续拉到乡上、镇上，一辆辆农用车再把按各村户数分好了的物资转到不同小组。虽然还有对物资不按时到达的抱怨，虽然有些发放点还显得毫无秩序，虽然有些村民对某村迟到的公示会有质疑，虽然还有地里忙活着的农妇惊讶“有什么要发”，但一切都在步入正轨。周五离校要走很远山路回寨子的“红领巾”把公示名单认真折好，塞到书包里，当做鸡毛信一般地重视；一次只扛得起两袋大米的困难户在邻居的帮助下将食用油和蚊帐也拿回了家；醉醺醺的老汉听说贴出了告示，立马扶着墙摸到烤烟房前看他能拿什么东西；那个自己已经重立起墙壁的农妇陶正慧，把崭新的蚊帐挂进帐篷，笑得灿烂。

村民看物资公示。

“宁洱县城市规划局告市民通知……”震后征地的宣传车驶过，新的建设即将开始。汽车驶过望城坡，从这里透过大块农田，受灾的县城一望无垠。同样在这个角度，19 世纪末，法国画家曾创作“普洱城”的素描。刀副主任看着窗外，突发感慨：“几年后，会有个更漂亮的新普洱城。”

张海律，《南都周刊》编辑，乐施会普洱赈灾项目的志愿者。

宁饵县宁饵镇化良村村民领到了大米。

云南石棉瓦的故事

高　天

2004年7月5日，云南省德宏州盈江、陇川两县普降大到暴雨，多处发生滑坡、泥石流灾害。截至6日15时，受灾人口达15.2万人，死亡11人，失踪34人，重伤6人，被困360多人，紧急转移安置灾民3 900多人；倒塌房屋2 100间，损坏近万间;农作物受灾面积5 600公顷，绝收面积2 500公顷;死亡大牲畜1 000多头;交通、水利基础设施也遭到不同程度损坏，直接经济损失达2.8亿元。

作为乐施会灾害管理团队的“新人”，我刚刚结束印度尼西亚的评估学习之旅，赶往贵阳办公室赴任。此时的香港乐施会在内地的灾害管理团队一共不过4人，贵阳、昆明的同事已经在其他灾区一线。盈江、陇川紧急救援的任务自然而然落到我的肩上。行囊都不需要打点，提起来就上路。到达昆明办公室，驾驶员徐庆平师傅已经把车子仔细检查保养，准备出发了。尽管我以前作为志愿者和临时项目干事，曾经在内蒙古自治区执行乐施会灾害项目，但都属于灾后重建、评估等内容，驰援灾害现场，还是第一次。跃跃欲试的同时，我心里也在打鼓：这灾是怎么个救法呢？去到忙乱的救灾现场，先找谁？第一步要做什么？

灾情发生之后，政府各部门如同大风中的风标，飞速运转起来。由于曾经有项目合作，省民政部门第一时间向乐施会提出救援申请。作为灾害项目干事，首要做的就是寻找当地合作伙伴，并在他们的配合下进行灾情评估。泥泞中，我们的越野车驶过一座大桥，进入盈江县城，昏黄奔腾的河水几乎抵到桥柱的顶端。县委大楼的一层，专门开辟出一片区域，设置救灾办公室，灾情通报、救灾指挥和救灾物资发放等功能集中在这里。

如果说“助人自助，对抗贫穷”是乐施会的一个中心的话，那么“社会性别意识”和“参与式理念”就是乐施会的两个基本点。女性，在自然灾害发生之时，往往是弱势中的弱势，但这不意味着她们只是被动接受救济的群体，从另外一个角度看，她们恰恰是自救的主力军。与内蒙古的工作类似，我们选择妇联作为合作伙伴，与救灾办公室建立联系，获得第一手的灾情资料，以此作为选择救灾点的依据。

救灾点的选择通常遵循这样一些标准：贫困、地处偏远、缺少媒体关注、政府救灾力度小、尚无其他救援机构开展工作……自备车辆的优势在灾区是明显的：当县里大大小小的车辆都被征用运输领导、记者和物资的时候，自己开着高底盘的四驱车才有可能避开车流，通过泥石流、洪水冲垮的道路，深入山区灾害严重的乡镇和村落。

借助徐师（云南习惯将师傅简称“师”，以示尊敬）的经验，我根据政府方面提供的资料确定了几个实地考察点。灾情的评估既包括村民受灾的损失情况，例如房屋、田地、牲畜等，也包括受灾群体本身的情况，如性别构成、经济状况以及最迫切的需求。

与其他地区的洪灾类似，食物和清洁的饮水是首位的。填饱了肚子之后要考虑的，就是暂时的居所。云南产米，本地人一日三餐都离不开米。蔬菜不难找，炒菜的油必不可少但价格不菲。于是救灾物资中的食物部分选定大米和食用油。

可是临时住所怎么办呢？砖瓦结构当然是上策，但成本太高，无法惠及如此大量的灾民；塑料布价格低廉，可以大量发放，但是强度和耐用性恐怕难以坚持到灾区重建……权衡再三，最终确定救灾物资中的建材部分，是当地人提出的石棉瓦。

接连几天埋头救灾项目计划书，奔走在招待所和救灾指挥部之间，因为那里有新闻中心，可以上网与贵州办公室电邮沟通。很快，项目获得批准，50 多万元用于陇川、盈江两县四地的大米、食用油，为其中两个村提供迫切需要的建材。灾情不等人，连表针都仿佛走得比平时急。拨款未到，徐师已经在两个县城询遍大米、食用油的市场价格。由于量大，不得不多定几个供应商。万事俱备，只欠东风。然而，一个来自香港的电话像晴空霹雳一样降临。

问题出在建材的选择上。石棉是在自然界中以纤维形式存在的链状硅酸盐，具有耐热、保温、耐磨、电绝缘以及耐化学腐蚀等优良的性能，被广泛应用于各个领域。长久以来，石棉的危害却被人们忽视了。长期吸入石棉纤维尘埃，会导致石棉沉着病，患者会咳嗽、呼吸困难甚至导致肺癌。香港和国外一样，已经命令禁止使用石棉建筑材料，而当时内地还未有此类法律法规。总部负责人一看到此项目建议书中出现石棉字样，马上打电话过问此事，要求必须从灾民的健康和福祉出发考虑。

一边学习一边救灾的我，一下子有点儿懵了。幸好徐师经验丰富，他迅速和供货商联系，确认了我们订购的是新型水泥波形瓦，由于石棉瓦是广为人知的建材，

灾民领取救灾物资。

这种波形瓦也被习惯性地称为石棉瓦。与总部沟通之后，同意实施项目。我们奔走在两个县之间，有时不得不弃车步行几十里，随着物资走进大山深处。看着村民们赶着骡马，一家老小都出来运米领油，烈日和泥泞，都被抛到脑后。听说她们一早就出发，中午赶到会合地点领上救灾物资，天黑才能走到村里，看着满眼苍翠中一处处斑秃样的滑坡点，不仅暗自佩服这山里人们的韧性和生命力。

救援之后的评估、重建等工作移交给昆明办公室的同事后不久，我暂时离开了乐施会。但“云南的石棉瓦”深深地印在我脑海里，提醒我拓展知识面，不断学习新的知识，并且每一次作出决定，都尝试站在对方的角度，回头看看有没有什么疏忽。

高天，男，70后，曾做过编辑、摄影师。2002年接受乐施会志愿者培训后作为临时项目干事赴内蒙古进行过救灾。2005年第一次应聘成为乐施会救灾项目干事，后因故离开一段时间。2006-2010年重回乐施会负责民间组织发展工作。

第三章　农村发展

小村来客
——记周家塬的需求评估会

李建强

乐施会项目需求评估组的成员与东乡县的合作伙伴（东乡县妇联）对几个村进行考察后，毅然要求来到一个人迹罕至的小山村。这个村叫周家塬村，是黄土高原山旮旯中最不起眼的一个小山村，处于东乡族自治县西北角。由于地理位置的偏僻和交通不便，村上几乎没来过县级以上的官员，就连乡上的工作人员也难得来一次，这儿几乎成为被世界遗忘了的角落。

今天早上，天下起雨来，越下越大。在这样的雨天里，村民最悠闲的事莫过于坐在炕头看着雨水涣涣流入集水窖，或是站在山顶上望着地里的麦苗咕咚咕咚喝个痛快。他们得知乐施会客人今天还要冒着雨来村上，便自发组织起村里的中青年劳动力，顶着油布，拿着铁锹，下山来迎接客人。他们希望能对雨水冲坏了的道路进行抢修，好让客人的车顺利进入村庄。他们刚走到半山腰，便迎面碰上这些客人。他们背着大包，卷着裤腿，任雨水和着汗水流下。

村民好客，“油香”诱人。评估组顾不上这些，因为全村村民都已到齐，必须借着雨天村民休息，马上召开社区大会。

大会是在村上一所破旧得无法使用的小学召开的。男男女女挤满整个教室，就

东乡县董岭乡周家塬。

连光屁股小孩也凑了进来。乐施会中国项目干事丁文广向大家介绍了评估组的成员、乐施会此行的目的以及为什么要召开这个会议。他语重心长地说："我们很希望帮助你们，但我们并不了解你们，更不了解你们所面临的困难和存在的问题，在这方面你们是专家，困难你们最清楚，也只有你们最有办法来解决，周家塬是你们的，谋求发展要靠你们自己，也只能靠你们自己。今天我们召开这个社区大会的目的，就是给你们搭建一个平台，让大家来讨论一下社区面临的困难和存在的问题，希望大家能积极发表意见，谈谈自己的想法。"

丁文广的话音一落，村民便三两个一堆讨论起来。这两天评估组对社区广泛而深入的调查，已经使他们对评估组有了较多的了解和认同，讨论中也就少了几分拘谨，多了几分热情。

一位 60 多岁、留着山羊胡子的长者首先站起来说："大家先不要吵了，听我说几句。"他扫视村民一眼，见大家都转过头在看他，就接着说："村上最主要的问题就是交通不方便。你们（指评估组成员）这几天也发现了，来周家塬的这条路非常难走，不仅道路坑坑洼洼，而且部分路段太窄太陡，胆子小的人别说开"三马子"（一种农用三轮车），就让坐他都不敢。天晴还好一些，但遇到下雨，道路就泥泞得连人都没办法走。今天这些专家能冒着雨走到这儿来，我们实在感激不尽。所以，我们村要发展，我认为修路是最关键的，希望你们能帮助我们解决。"在这位长者的

与农户代表座谈。

带动下，村民们沸腾起来。他们纷纷发表自己的看法，认为如果路修通了，从外边拉水就方便多了，村里的马铃薯也可以运到集市上去卖，等等。

这时，一位中年男子提出学校问题也是最为关键的。他激动地说："现在的学校校舍已经破旧不堪，无法使用了，唯一一位老师也走了，留下八九十个学生天天在家放羊。我们外出打工没有文化，吃尽了苦头，我们不能让孩子们再像我们这辈人过得不明不白。我建议首先解决教育问题。我们今天说得再好、做得再好，后人没有文化，还不一样是受穷？"大家似乎对教育也有很多话要说，你一言、我一语说起了学校是什么时候修建的，中间维修了几次，现在竟成为这样一幅破败景象等。

村民们似乎被这种群体讨论的氛围完全感染，一个个兴致勃勃地从道路谈到学校，从学校谈到生计，再从生计谈到吃水问题。有着性别敏感的评估专家发现，讨论基本上是男人的天下，妇女们则站在旁边，她们有的在专注地听男人讨论，有的则低头窃窃私语。这时，丁文广提出意见，说光听男人说不行，妇女也有半边天的作用，现在我们要听听妇女的看法。

听到丁文广的话，妇女们突然没了声音，就像吵闹的教室里突然间进来老师一样。按照村上的习惯，涉及社区的问题一般都是男人之间讨论和决定，妇女一般都不掺和意见。虽然今天评估组特别要求每户必须是男女各来一名参会，但大多数妇女都是怀着看热闹的心态而来，并没有打算要发言的。

看着大家一脸的茫然，评估组专家邓红（女）老师开始给她们打气。邓老师说："妇女也是社区主人，现在讨论的每一个问题都与你们有关，如果这些问题没有你们的意见，它是不完善的。所以不要认为你们说的话没有用，我们今天就是为了听咱们妇女的意见才特意把你们请来，大家肯定都有自己的见解，也会谈得很好。我也是妇女，你们不也是把我也称为专家吗？”

在强势的男性面前妇女们太有压力了，但经邓老师的一番鼓励，个别妇女开始发言。一位中年妇女很谨慎地说道：“他们（指男人们）对前面的那些问题分析得很有道理，我也没什么可说的，但我想补充一点的是，这么大个村子，没有个卫生所是不行的，妇女们病多，就医不方便，妇女吃的很多苦只有自己知道……”

村民们讨论得很激烈，把村里所面临的问题一一呈现出来：行路难、学校危房、吃不饱肚子、没有诊所、吃水困难等。可以说村上面临的问题很多，也非常严峻，但是，乐施会资源有限，不可能帮助村民解决所有问题。现在的问题就是如何从他们所列出来的这些问题中选择出几个最为重要、也最迫切需要解决的问题，再由乐施会与社区讨论优先援助的内容。

这就是参与性农村需求评估所要进行的问题排序了。一般来讲，让每个村民对所列出的问题进行投票选择，得票最高的就应该是最为迫切解决的问题。但在周家塬村要以投票的形式进行问题排序，所面临的困难是难以想象的。首先是这个村村民大都不识字，文盲率高达95%，他们无法对选票和问题进行辨认；其次是语言上的障碍，因为这个村全部是东乡族，主要说东乡话，在语言交流上存在困难；再次，这个村上的话语权基本上是由男人掌握，而妇女在投票的过程中很难保持自己的意愿。所以，为了让项目的设计能最大限度地代表村民的意愿并切实可行，必须在问题选择过程中进行适应性改变。

雨后的周家塬村，充满浓浓的泥土气息，显得格外恬静。经过评估组和村民的一番讨论，一场别开生面的问题排序的投票开始了。投票分成男子组、妇女组和儿童组三个组，分别在三个教室里进行。（在分组时，本是为了确保妇女在投票中的自主性和独立性而把男女分成两组，但周家塬的二三十个儿童太热衷于这样的集体活动，他们学着大人的样子混进成人投票组，希望得到投票的机会。为了充分调动孩子们的积极性，并确保其不对成人投票进行干扰，评估组也把他们分成一组，让他们投票。）

投票开始，各组村民在教室外面分别排成两队，依次进入教室进行投票。一位精瘦的中年人还不停地向旁边一位老人说道路是村庄发展的关键，要想富，先修路，惹得其他村民不住地向他看。村民按照顺序，依次从门口的工作人员手中取3粒玉

排队准备投票的村民们。

米（每一粒就是一张选票），进入教室，分别投入自己最期望解决的 3 张图画中（每一张图画就是一个问题，方便不识字的村民进行选举）。

男人们投票显得很慎重，但都很果断。他们对村上所面临的困难问题太熟悉了，有些问题他们以前就思考过，经今天这么一讨论，他们的思路就更清晰了。他们到每个问题前，很干脆地把3张“选票”放在3个问题图上。

妇女们在选择问题时，不知是对这些问题还没有考虑清楚，还是对“问题图”不是特别了解。她们在每个问题前仔细揣测这几个问题的重要程度，每投一粒都显得犹豫不决。为了防止妇女对图形误认而错选，评估组邓老师让妇联中会东乡语的两名工作人员专门站在问题前对每位解说。

儿童们虽然对社区里的问题不十分地了解，但对这些象形图的理解没有问题，他们也像大人们一样很郑重地取过“选票”，走入教室投到他们以为重要的问题上去。但可以一眼看出来的是，他们都认为“学校危房改造”问题是村里需要解决的头等要务。邓老师很好奇地去问一个七八岁的女孩：“为什么要选学校呢？”小女孩腼腆地说：“我要念书，不想放羊。”一句极其朴实的话让邓老师的内心久久无法平静。

投票后统计得出，村民最需要解决的前三个问题依次是：生计问题、道路难问题和学校危房问题。按照参与式项目需求评估（PRA）的程序，接下来要进行的就是分组讨论所选择问题的对策。

在生计问题上他们似乎也没有太多的办法，种草养羊是他们认为最切实可行的办法，但也是他们所讨论出来解决生计问题的唯一办法。

对于学校危房问题大家都没有什么异议，都希望能在原校址重修一所学校来解决学生没地方上学的问题。

在道路修建问题上村民们分歧很大，主要是对所修道路的路径选择有不同意见。到周家塬村有两条路可走，一条是从董岭乡到周家塬村，这条路主要是把该村与乡政府连接在一起，对于乡政府工作人员下村或村民去乡上办事都十分方便；另一条路则是通向经济水平相对较高的刘家峡，村民们向外运送土豆或干旱季节从外拉水主要走这条路。

讨论开始，大家都基本上同意修通往刘家峡的这条“经济路线”，但也正在这时，一位穿着白衬衣的青年从门外走了进来，加入到大家的讨论中，并坚持要修通往乡政府的这条路。青年的坚持是有原因的。刚才，他就被乡长叫到学校后边的一棵大树下谈了半天，回来之后就坚持要修这条路，因为它可以把周家源村与其他村以及乡政府连接起来，容易受到政府的重视，也就容易得到更多的发展机会。评估小组的一位成员恰巧看到了这个过程，但他一直站在教室边上不说话，仔细听村民们的讨论。他知道，只要别人不直接插手，村民们还是有办法选出符合他们自己利益的方案。青年的坚持使得刚才讨论很积极的几位村民非常不满，相互之间争论得异常激烈。这时，那位留着山羊胡子的老人站起来说话：“你们也不用争了，乐施会最讲究‘参与性’，让每一位村民都能发表自己的意见，但我们也不能因为个别人与大家的意见不一致就放弃周家塬的发展机会。我觉得刚才我们进行投玉米粒选举的方式就很好，现在我们也按照这个程序进行选举，选择哪条路线的人多，我们就按照哪个方案进行。”青年听到这话就离开了。

在项目评估过程中经常会遇到当地个别政府官员为了自身利益而影响项目设计内容的情况。在来周家塬村前，评估组在大树乡的乔鲁村进行过需求评估。当地的合作伙伴说这个村是东乡县最贫困和偏僻的村庄，急切希望得到乐施会的项目支持，但经过评估组一天深入细致的调查后发现，该村的实际情况远远好于合作伙伴所言，坚决要求重新选择项目点。所以，周家塬村这样偏僻和贫穷的村才被评估组“找到”。

落日把金色的余晖撒满整个山野。乡书记已经催了我们几次了，说忙了一天恐怕早就饿坏了，村民早已把饭做好了等着我们呢。在评估组把问题选举和对策讨论的结果反馈给大家后，社区大会在一片雷鸣般的掌声中结束。有些村民在回家的路上还饶有兴趣地讨论着会上的话题。

今天村民准备的晚餐可真是丰富。宰羊做成东乡族最具特色的“东乡手抓”，并炒了几个绿色蔬菜。普通的农家拿出手抓的绝活，是招待最尊敬的客人的。能吃上蔬菜，也非常难得，因为东乡村不像南方农村每家都有菜园子，到了夏季就有吃不完的蔬菜，这里由于干旱，作物一般很难成活，村民吃蔬菜就像吃肉那样难得一次。

按照乐施会的原则，在村民家中吃了饭是要给钱的，哪怕是最家常的饮食。丁文广在饭后给村民饭钱，那家户主一脸诧异，半天没有反应过来。丁文广解释说：“按照我们乐施会的原则，吃了村民的饭是一定要给钱的，你必须收下。”那村民忙激动地说：“坚决不行，乐施会给我们做这么大的好事，不管是代表全村村民还是我自己，都决不能收你的钱的。”丁文广只能硬把钱塞到村长手中，并对妇联工作人员说：“你们以后做乐施会的项目，在村民家吃饭也是要给钱的，这些资金都在预算之内。”

夕阳下山了，映出天边一片绚丽的彩霞。评估组迎着微风，闻着泥土的香气，依依不舍地离开了这个偏僻的小山村，村庄也在缕缕炊烟中重新归于平静了。

（本文写作于 2005 年 7 月，作者时为兰州大学社区发展中心工作人员。）

李健强，男，出生于甘肃陇南的一个农村家庭。2001 年跳出“农”门，进入西北师范大学社会工作专业学习。毕业后一直参与 NGO 管理与农村发展工作，并对此产生了浓厚兴趣。几年来，经常深入陇原贫困地区，进行调查、研究与实践。2010 年加入乐施会，从事灾后重建的评估及政策研究工作。

在社区工作的一天

陈音帆

蜿蜒曲折的山路像是没有尽头。转过这道弯还有下个弯，翻过这座山还有下座山。我们要去的高宗科村，就在这山路尽头的三公里之外。换句话说，这是一个仍然没有通路的村子。

禄劝县中屏乡乡政府前段时间向乐施会禄劝县项目办反映了高宗科村迫切的修路愿望，希望能得到支持。于是禄劝项目办决定来实地考察，并与村民们聊聊他们的修路计划和发展思路。

其实，这已经是禄劝县项目办的副经理曹兴福以及出纳兼司机蒋昭文从办公室出发的第三天了。前面两天他们去跟进了沿路另外几个社区的项目，今天一大早又赶到高宗科来。出差对于他们通常意味着周一、周二出去，要到周五或周六才能回来。

在路上，乡党委副书记向我们进一步介绍了高宗科村通路的情况。高宗科村所隶属的安福村委会行政村今年正在实施村村通公路项目，目前扩建了一条达到5米宽的沙石路通到村委会。从村委会进入高宗科社区的7公里道路均为土路路面，并且只到社区外3公里处。

越接近高宗科村，路面就变得越发狭窄，道路的弯度和坡度也很大，有几次车子几乎再难以向前行驶。书记笑着说："我们现在走的这一段从安孔德社区到高宗科社区的路，是供小型农用拖拉机走的，汽车从这里走，恐怕还是第一次。"

但因为路面狭窄到汽车无法掉头，司机只能硬着头皮向前开。山路在山脚下终止,我们的车也终于找到一块空地可以停下。下了车,只见一条曲折锋锐几乎呈"之"字形的石头路从我们脚下指向对面那座山的山头。

"山头上就是高宗科村了。这条路是村里人自己一杆一锤挖出来的，基本上可以供摩托车走。不过这样危险的路，也就只有他们自己村的人敢骑，外村人是打死都不敢的。"

正听书记说着话，忽然一列摩托车队在轰隆声中携着漫天的尘土向我们驶来。

社区居民住的房屋。

社区群众自己挖出来的陡峭进村路。

原来是村民担心我们走路上去太累，特意来接我们。

我心里虽然打着小鼓，可是为了体会村民们平时出行的危险和辛苦，在默默地给自己壮了壮胆后还是坐上了摩托车。“轰”的一声，摩托车就冲了出去。因为路面上全是碎石，摩托车只能贴着没有遮挡的山崖边走。而随着坡度越来越大，我的身体也越来越往后倾，有几个瞬间我觉得自己快要支撑不住而倒下去了。除了紧紧地抓住带着我的村民和强迫自己不要侧头看之外，整个身体和大脑几乎是僵硬的。到达村里下了车后，才感觉到心脏跳得有多剧烈。

待心跳恢复平静后，我们一边跟着村长走，一边细细打量这个村子。村里几乎所有房屋都是土坯房，不少房屋墙体都有破损和歪斜。室内也非常简陋，都是土地板，除了桌子和椅子外没有其他更多的物品。

“我们这里只有两户人家的房子是水泥地，其他也有一些农户想对房子改造和装修，但是因为不通路，建筑材料只能运到安孔德社区，然后再人背或马驮拉到村里。这样一来，运输费就几乎和材料费一样多，成本差不多翻2倍，我们根本负担不起。”村长边说边摇头。

“同样是养猪、养羊，养肥后我们顶多只能赶到安孔德去卖，可是如果能赶到中屏去卖，每公斤可以多卖一到二元。一年算下来，我们将近少挣了2 000元。”看着猪圈和羊圈，村长不由得感叹。

就这样边看边听村长介绍，又沿着一条山间小路高一脚、低一脚地走了将近半小时，才到了村长家。各家各户的村民代表已经早早地在村长家等我们了。

坐下后，曹兴福和蒋昭文一边和村民们聊着家常，一边开始了解村里的基本情况。

“村里去年的收入怎么样？”

“还可以，大概人均 1 200 元左右”

“收入主要是靠什么？”

“养猪和养羊。也养牛、马和鸡。牛是用来耕地的，养马是为了驮东西，鸡主要是自己吃。地里主要种包谷、小麦和豌豆，都是自己吃的。”

“养的猪有什么品种？”

“主要是大约克。”

“村里有多少人出去打工？”

“十六七个。”

……

“修路是村里所有人都想做的吗？”基本情况了解得差不多后，大家就开始谈村民们最关心的修路问题。

“都想做啊！我们盼修路盼了多少年。就是因为路不通，我们不管买什么东西，都要多出将近一倍的钱。养的猪和羊也因为路远卖不了好价钱。要是我们到中屏乡去卖牲口，天不亮出去，晚上都还回不来，只能在乡上住一晚，这样更不划算。小孩子上学或者是我们去村卫生所看病要走 7 公里，很不方便。”

“2006 年有一个矿老板来村里看了后准备开发铁矿，他出钱买了一些炸药，从安福村委会的安孔德村往我们这里修公路，把一些地方炸开了。但不知为什么，老板中途就不知去向了，修路的事也停了下来。后来村里就组织农户投工投劳，用了两年的时间，平整炸过的路到社区外 3 公里的地方，好让小拖拉机可以通过。但是路太窄了，弯道很大，坡度也大，开起来很不安全，所以很少有拖拉机进来。后来我们接着把没有炸过的地方采用撬杆一点儿一点儿地挖，直到挖开了一条可供摩托车路过的小道。”村民们七嘴八舌地表达自己的想法，但意思都一样，想修路。

“那你们现在打算要修的这段路是从哪里开始修到村里？”

“最好当然是从安孔德开始修，因为现在还是连小拖拉机都走不了。重点还是

群山环绕的高宗科社区。

修村外 3 公里这段。安孔德过来这一段也想要再扩宽，弯道和坡度可能也要改。”

“有没有量过这段路有多长？”

“具体没请人量过。大概有六七公里。”

“需要多少钱？”

“30 万元左右吧，这个是我们估计的，具体要等测量过才知道。”

“那如果修路主要由你们自己做呢？我们支持材料钱和运费，你们自己去挑选材料，然后和老板谈价钱，再把材料买下运回社区。乡里的技术员给你们规划路线和方案后，你们自己投工投劳来修，这样可以吗？”

“没有问题，我们自己用手都砸出了一条小路来，只要能支持我们材料和运费，我们有能力自己修。”

“那投工投劳怎么安排？”

“看要修的路有多长来安排，譬如每人 15 个工，外出打工的就出工钱。”

“那没有劳动力的人怎么办？”

“确实没劳力的就不用出工也不出钱，分摊到其他人身上。”

“把材料钱和运费给你们以后打算由谁来管理？”

“我们也听说了你们做项目的那些社区都成立了管理小组，我们也打算成立管理小组。”

“怎么成立呢？”

“大家在一起开会，然后选出我们信任的人来。”

“成立以后具体要怎么管呢？”

“具体还没想过，不过肯定不会是谁一个人说了算，大家会一起来管。”

“要怎么分工呢？”

……

我们就这样细致地问着村民们修路中会涉及的方方面面，想借由这些问题来了解修路是否是社区内部共同讨论作出的决定，社区群众对于修路的积极度和参与度如何，讨论和准备得是否充分。另外，我们也想通过这些问题帮助村民们了解：在社区共同实施项目时需要关注哪些方面，有什么地方是还需要考虑和讨论的。以这样方式让他们的思路和整体规划更加清晰。

在不知不觉中，天色暗了下来。等我们告别村民们回到停车处时，已经是晚上九点半了。像这样在农村社区工作的一天，对于禄劝项目办的工作人员来说是再寻常不过的一天。而进入社区与村民讨论的这一次，也不会是仅有的一次，他们还会来第二次、第三次、第四次……让所有问题得到全面而深入的讨论，一直到村民们的愿望在他们自己的组织、管理和实施下，逐步成为现实。

陈音帆，2009 年 11 月 ~2010 年 4 月任乐施会农村生计与灾害管理助理项目官员。

在禄劝听村民演讲

段德峰

这是一个建在山坡上的院子。我们坐在一个类似小学教室的新房子内，房内摆满课桌，33位来自这个行政村的村民，代表8个自然村中所有希望继续向乐施会项目贷款的农户。

这个村的名字叫汤朗箐村，距离昆明120公里，苗族、汉族杂居，宁静而安详。不远的烤烟房废弃已久，红红发黄的墙体静静矗立，似乎想要告诉我这个外来者那些不曾看到的过去。

拿着机构刚买的Canon400D相机，我和另外几位项目官员坐在最后一排，等待一场“好戏”上演。今天，所有期望得到贷款的村民代表，必须说服其他人才能获得贷款。“这些村民压力很大”，禄劝项目办的一位官员对我说。是啊，万一由于自己不能说服评委得不到足够的贷款，回去该如何向村民交代呢？

眼前正在发言的是汤二的代表，他用当地的土话自信地向来自各村的代表、村

农民演讲现场。

委干部、乐施会官员、禄劝项目办的官员介绍2006年他们村使用乐施会社区发展基金（Community Development Fund，简称CDF）款项的情况。他的发言赢得全体掌声。

金正芳在大白纸上记录，并随时插话提问。她是云南禄劝县农牧局的工作人员，大家都称呼她“金姐”。金姐的另一个身份是乐施会禄劝项目办公室经理。“实际上，金姐从2000年开始就把几乎全部的时间投入到乐施会在禄劝的项目中了”，同行的同事介绍说。

袁加海，30岁出头，禄劝当地人，他是今天会议的主持人。第一位农民朋友演讲结束后，袁给大家打气说：“希望下面的发言一个比一个精彩。”会场的气氛顿时活跃起来。

第四个发言的是汤三的代表，这位代表说了一些俏皮话，引起满堂大笑，气氛越发轻松起来。在大家的起哄和鼓励下，这位发言的代表把坐在前面的村委主任也拉上台并要求发言。“村长是汤三人”，冯明玲小声告诉我。

在这次评审会上，村民代表们就贷款的回收周期等事项提出许多实际问题。汉排社区的代表认为，原先半年的回收期太短，不利于获得更好的收入，尤其是牲口的出栏日期和市场价格的问题，需要更长周期的贷款，因此希望贷款的回收期能够延到一年。

作为汤三代表的村委主任则希望贷款的额度能够在目前2 000元的基础上提升到4 000元。他的理由是，这样有利于牛一类大牲口的饲养。在此之前，上水社区的代表则提出希望还贷的周期延展为2年。不过，乐施会农村生计副经理冯明玲有自己的考虑，她说：“我们不太可能提供这么高的额度，一方面我们的资金盘子只有这么大，再者我们在禄劝项目的目标就是提供基本的生产改善。”（不过，在所有人的发言和讨论结束之后，冯明玲和其他项目官员完全采纳了村民代表的意见，将贷款的额度设计为最高4 000元，同时将一些地区的贷款期限定为2年。）

此时，秧草队的一个代表站起来向汤三的发言代表提问：“你们为什么不提报酬问题？”会议室一片笑声。据他们的介绍，秧草队在项目的起步阶段，社区发展委员会委员确定为5位，并给那些因当月出去开会而误工的代表50元报酬。社区贷款的利息积累则主要放进本金中用来进一步贷款，同时村上有什么紧急事情也可以开支。这位代表表示今年委员人数将减少到4人，“猫多不拿耗子”，就在我还

台上台下其乐融融。

在思量这个村的发展委员太多的时候，这位代表就我的这个疑问说道。从2007年开始，这个社区发展委员会已经取消记录员，只留下主任、出纳、妇女代表和会计。

事实上，今天代表的发言，都是由本社区村民意见汇总而来的。据介绍，此前已经有村民向社区发展委员会提出申请说，贷款主要用在农业生产上，庄稼种植 2 000 元可能够了，但是有一些情况最好贷款能在 4 000 元左右，比如，进一步发展畜牧业就需要更大的资金。秧草队的代表希望给他们社区的总贷款额度能有 6 万块，为了让评委相信他们能管好资金，这位代表还介绍了贷款的发放是由社区发展委员会分开入户审核的。

窗外的山上传来雷声，下午2点多开始下的小雨还在继续。大概是由于袁加海关于注意控制时间的一次提示，接下来几位代表的发言都比较简短，基本上没有超过10分钟。不过，看得出这些代表们平时可能也是当地比较活跃的人，他们一般都能够清晰地表达自己的观点。

高山社区的代表说，他们在贷款到期前的一个月就会催款，以更好地保证贷款的到期偿还。半坡（1998 年乐施会即开始进入的一个村庄）村代表说，他们在社区发展委员会下还专门成立了妇女小组和治安小组。治安小组以青壮年为主，负责保护村里的牛不被偷走（后来更多的访问使我真切地了解到当地牛被偷的严重性），以及村里的其他治安问题。这位代表带着一个老式的解放军帽子，帽子因为陈旧而泛黄。他的发音不是很清楚，金正芳认真地听着，并不时地继续在贴在白板上的大白纸上记录。会后，禄劝项目办公室会把今天所有的会议内容和讨论重点整理出来，发给乐施会的相关项目官员。

作者在云南西盟佤族自治县扶贫点。

段德峰，江苏盱眙人。18岁开始从事推销员工作，此后从事市场和销售工作达7年，期间曾担任一家销售分公司经理职务；后进入《21世纪经济报道》任记者、编辑；也曾在北京观韬律师事务所短暂从事实习律师工作；2004年出任《第一财经日报》北京综合新闻部创始主任、社论作者等职。2007年1月至2008年7月，负责乐施会中国部传播工作。

捏池村“毅行”

——可持续的、和谐共赢的发展

曾萌华

这里讲的是我在2006年6月到云南省永善县务基乡捏池村访点的感受和体会。

云南永善县是国家级贫困县，花椒是其最大的一项农业支柱产业。1999 年以来，该县连年不断发生花椒病虫害，进入盛果期的花椒植株成片枯死，局部地区更出现花椒绝产绝收的情况，已经脱贫的椒农，又重新陷入贫困状态。

2005 年 2 月，乐施会开始在永善县务基乡捏池村实施影响可持续生计的花椒病虫害综合治理项目，项目主要是开展病虫害的防治，同时注重运用参与式的手法，将病虫害防治和生计及社区综合发展相结合，注重社区自我管理和组织建设。

花椒葱茏映捏池。

经过一年多的综合治理，捏池村花椒病虫灾害得到基本控制，花椒单位面积的产量提高，椒农的经济收入也相应增加。该村发现天牛病虫害的村民熊长荣种有400棵花椒，2005年由于病虫害仅收200斤干花椒，访问时他预计2006年可收700斤，比正常年景的前年多出200斤。

与邻近村比较，捏池村农户的花椒产量，在项目实施后至少恢复到病虫害灾前的水平或更高。据村委会上报的统计数字，2005年捏池村人均收入达2 446元，高于务基乡人均收入（1 443元）。正如村民严明树（女）说的："通过项目，施肥方法得到改进，懂得病虫害的基本防治方法，今年花椒收成比以往任何一年都好。"

务基乡捏池村 60 多岁的妇女乌银珍两个儿子因病去世，儿媳离家出走多年，给她留下 3 个未成年的孙子，由她孤身一人抚养。以前每年可从花椒上获得 1 000 多元的收入，用以解决油盐等零用补贴。由于病虫害，2004 年花椒几乎绝收，一家 4 口陷入绝境。2005 年花椒收入 80 多元。通过一年多的连续治理，2006 年预计花椒产量可达 100 斤左右，毛收入可达 2 000 元。

培训使农民学到科技和田间管理知识，农作物产量提高。项目组同时还以项目为载体，在县一级举办针对各乡镇林业站和农科站技术人员的培训，以务基乡为培训点，培训了该乡181个村民小组长，使全乡每个村民委员会均有2人在花椒病虫害的综合治理中能够发挥技术骨干的作用，初步建立起以社区为基础的经济林木及农作物灾害防御体系。

项目充分运用参与式手法，召开村民大会，讨论项目实施管理方案，并选举产生花椒病虫害群防群治管理"10人小组"，负责组织实施花椒种植和病虫害综合治理及产、供、销方面的工作，由椒农对"10人小组"的工作进行监督，对不称职的及时进行更换。项目通过培训其成员，使之成为花椒种植和病虫害综合治理的骨干。

花椒病虫害传播性极强，需全社区的群防群治才能收到效果。为此，捏池村成立花椒协会，按每亩5元收取会费，在病虫害防治、水肥管理等方面为农户提供培训，并提供社区花椒产业的发展和市场等相关信息。

项目在防治病虫害和技术推广方面取得的成绩，对全县其他产椒区起到示范作用。2006年3月10日，永善县召开全县农村工作会议，100多名乡、县领导到捏池村参观考察，将其作为新农村建设的模范进行学习和交流。在项目实施过程中，县森防站、乡林业站全体技术人员均参与到项目之中，协助村民进行花椒病虫害的治

农户的喜悦在花椒地里绽放。

理。考虑到妇女单亲和孤老家庭的劳动能力不足等具体困难，科技人员和村委会组织社区培训骨干人员主动上门，帮助他们进行防治以及修剪工作。

项目得到政府的大力支持和配合。项目总投资 292 000 元，其中乐施会投入 223 400 元；当地政府投入 51 600 元；农户投劳折抵 17 000 元。政府部门还加入配套项目，使资源得到更好的有效整合，项目效益充分放大。

务基乡捏池村的花椒产业，除了受病虫害的严重影响外，干旱是一个极为突出的制约因素。为进一步发挥项目的效益，加强产业的发展后劲，政府投资74万多元修建由蒿枝坝水库引水灌溉的堰沟，建设沟渠6 000多米，管引455米，抗旱蓄水池42个，总蓄水达2 200多立方米。该工程解决了300多户农户的人畜饮水问题，灌溉面积可达2 000余亩，使靠天吃饭的花椒产业常年丰产得到保障。

为了配合该项目实施，永善县林业局多方筹集资金 20 余万元，在捏池村开展沼气池建设工程，既改善农村环境卫生状况，又能为发展花椒提供有机肥料，也节约了用于购买化肥的资金，同时减少了对植被的破坏。全村现已建沼气池 364 口，计划实现平均每户一口沼气池、一个抗旱塘。乡政府还把捏池村纳入新农村建设的试点村，投入10万元，补助水泥、沙、石灰等材料，对村内道路进行修缮，对一些农户住房外表涂白，以改善生活环境和社区面貌。

我们的扶贫，不是解决一时的问题和需求或少部分人的贫苦问题，我们希望贫穷人能够有机会依靠自身的努力和技能，不断改善自己的生活，同时依托集体团结合作的力量，改善生存环境，实现可持续发展。

曾萌华，美国佛罗里达大学国际发展政策与管理博士，2004年9月加入乐施会，先后担任中国部北京办公室经理、高级项目官员（负责NGO，劳工，社会性别，艾滋病等项目管理）和传讯干事（负责内外联络、政府关系以及相关的项目管理）等职位。2008年4月离开乐施会。

审计与希望

蔡　娟

此时的我真是备感无助，沮丧到了极点。

从村民的只言片语中，在他们闪烁回避的目光中，可以断定有些人没有领到补助。进行了 3 个多小时的调查，依旧没有看到任何希望，没有任何人敢站出来说："我家没领到。"

这一切都源于一本干净的"花名册"。

"花名册"有三大疑点 :（1）合作伙伴是否可能专设人员代村民签字 ;（2）137 户人家中一定有会写字的 ;（3）整齐清洁的手印。辛苦劳作的村民们手上一般都会沾着泥土，而这份花名册却很干净。

"当地的村民大多不会写字，都是请别人代签的"，合作伙伴急急地表白。

这是某社区的养猪项目，村民们以户为单位自愿参加。参加者自购小猪一头，经合作伙伴项目人员验收合格，将资助给每户 300 元。当这本干净完整、墨色统一的"花名册"（村民签收补助的凭据）放在我面前时，已经是审计工作的第二天。头一天的工作是顺利的，账本规规矩矩、明细历历在目。

一定有问题！但仅从花名册上找不到足够的证据。晚上回宾馆，我与项目官员、经理进行了沟通，达成到项目点入户调查的一致意见。我们讨论了各种可能的情况和处理方案，并约定在调查过程中随时保持联系，如果阻力太大，他们会在第一时间赶来支援。

"访问的时候不要东拉西扯，直接就问他们领到养猪的补贴没有、领了多少，就行了。像你现在这样问要问到什么时候。再说人家主任下午还要去镇上开会，要坐我们的车去县城。"合作伙伴的项目人员有点不耐烦地说。

调查已经进行3个小时，仍旧一无所获。

在与村民的接触中，我深切感受到了一个村主任在中国农村的"影响力"。他所到之处，村民或是恭维，或是漠然；准备说出事情端倪的那几户，也在他一通方言"呵斥"中沉默了。照此下去，根本无法弄清事实的真相。我甚至产生了到此为止的念头。

时间在毫无希望中过去，正午的村庄显得更加宁静，也加深了我的无助感。

主任赶去镇上开会了，剩下的两个项目人员一路无语，我确信从他们口中无法得到任何信息。只能靠自己了，我一路走一路想：怎样才能找到突破口？到底有多少户没有领到补助呢？

远处忽然传来一群孩子的喧闹，我加快步伐向那边走去，原来是一群孩子坐在一家农户院坝的木墩上打牌。我一下子认出上午在学校操场见到的那个孩子，冲他点点头笑着问："这是你家？"他摇摇头，指指房子旁边的棚子，只见一个约50多岁的男人正在铡草。我走过去问："大叔你叫什么名字？"他抬起头："×××。""你家有猪吗？有没有领过补贴？"我急切地问。他低下头再不肯说话。我以为是问得太急，他没听懂，又慢慢重复一遍，他还是无语。我急得不知该如何表达，才能让他明白我是来帮他的。

这时那群孩子围了上来，在旁边七嘴八舌地说着。我看着刚才对过话的那个孩子说："你听得懂我说的话吗？"他点点头。"那你帮我问问他家有没有领补贴？"

正午的村庄。

天真的孩子带来了希望。

那孩子和男人说了几句，然后对我说："他家没得。""那你知不知道村子里有多少户没领到？"我又问那男人，希望从他那里找到突破口，但那男人又是沉默。我望望那孩子，希望他再帮忙"翻译"一下，那孩子径直就对我说："好多都没得。"他指指旁边几个孩子，"他们几家都没得。"我吃了一惊，在学校操场他不是说在县城读书才回来，不知道家里的情况吗？现在怎么说得这么清楚？"那到底是谁家可以得，谁家不可以得呢？"我顺着他的话又问。他左顾右盼了一下，从我手中"抢"过笔和纸，写了些什么递过来，我接过一看，是一串电话号码，数字后面赫然写着：call me。希望终于出现了，终于找到突破口了，我抬头感激地看了他一眼，点点头说了声"谢谢"，然后快步走出棚子。只见两个项目人员正在路边等着，我走过去不动声色地说："咱们走吧。"

回到宾馆，我迫不及待地拨通了那个电话。那孩子一听到是我就说："开始和主任在一起，他不让我说的。现在你问吧，我全都告诉你。"

他提供的情况为我拨开了重重迷雾，让我的推测得到证实。在整个项目中，不但存在少报多领、冒名顶替的问题，而且在项目开始时，村委会还要求所有参加项目的村民先缴50元，养猪后再领取300元，因此实际到村民手中的补助就由原来的300元/户变成了250元/户。

了解完情况，我迟疑了一会儿，又提出："你能不能帮我去查查有多少户没领到补助，然后记下他们的名字，再告诉我。"他在电话那边毫不犹疑地答应了："主任他们做的事太可恶，一点都对不起捐款给我们的香港市民，所以你放心，我保证完成任务。"

我次日将到下一项目点审计，于是留下手机号，让他随时保持联络，并叮嘱他要注意保密，更要注意自己的安全。他豪气地说："我才不怕他们呢，只有村里那些愚昧无知的人才怕。”

晚上我和项目经理、官员讨论发现的情况，他们高度重视，并表示一定要一查到底，绝不允许善款被私吞。

好消息随后传来，那孩子打来电话说，他家缴的那50元退了，那些没得到300元补助的人也领了。到此，我终于可以长长舒一口气，项目方面采取的行动与那孩子反馈的信息能吻合上，可以确认善款已到达真正需要帮助的人手中。

“我才不怕他们呢，只有村里那些愚昧无知的人才怕！”这是那孩子的话，一位正在读书的贫困山村孩子的话。我感到很欣慰，欣慰那孩子已不再像他父辈那样默默忍受生活的不公；欣慰村中那幢由乐施会资助修建的三层楼的学校和操场；欣慰在我无助时塞过来的那张纸条。我已深深感到了知识的力量和自我的觉醒，正如那孩子带给我们的希望，而希望从来都是让人期冀的，或许经历过磨难和徘徊，但总能使人不断感悟、不断前行。

蔡娟，2006年2月加入乐施会至今，任职项目审计师。多年的财务、审计工作使自己似乎早已习惯数字中的沉静，曾经的热情也在日复一日的数字游戏中消磨，从熟悉到平庸，直至平淡。

曾经的平淡因来到乐施会而有所改变，审计工作原来也可以如此贴近民生和大众。在这里，每一次审计之旅都是一次体验之旅，体验着贫困山区孩子求学路上的艰辛、性工作者对职业风险的无知、被边缘化的弱势群体面对伤害时的无助、NGO人在探索发展道路上的迷茫……同时也在体验中为这个物欲横流的社会中尚存的正义、真诚和执著所感动。

雾起雾散
——看社区主导型发展与参与式扶贫管理机制创新试点项目

陈音帆

社区主导型发展与参与式扶贫管理机制创新试点项目（简称CDD项目），是昆明农村发展与灾害管理团队基于多年与各级扶贫办合作项目的经验和反思，并在团队内部和外部进行反复讨论后，提出的新的社区发展策略的具体落实。我们希望试点项目通过扶贫管理制度的创新设计，探索在扶贫资源的分配、使用和管理等方面充分赋予贫困社区农户自我决策和自我管理权，充分调动他们参与扶贫开发和新农村建设的积极性并发挥其主体作用的具体方式和方法，充分整合社区、政府及社会各方面的资源，提高扶贫资源的使用效率，在有效改善贫困社区农户生计的同时，增强他们自我组织和自我管理能力，并积极探索内外资结合的扶贫开发的新形式和新机制。该项目计划在云南、广西和贵州三省共同实施，其中云南和广西两省已于2009年7月启动项目。

虽然我们已经勾画出一幅美好的蓝图，但在具体的操作中会遇到怎样的困难和挑战，仍然是未知数。带着学习和探索的心情，整个昆明团队在 2009 年 10~12 月，连续走访了云南和广西的 CDD 项目点，通过参加项目启动培训、项目评审以及评审后回访社区等不同形式，来了解项目的具体实施情况。

雾　起

10 月，在一个秋风徐徐的早晨，昆明团队的同事乘坐的两辆车在楚雄市南华县的山路上飞驰。当车子转过一个山崖后，一幅绝美的秋日雾景呈现在我们眼前。缠绕幽幻的薄雾像传说中的白色巨龙在群山间腾游，使得山峦若隐若现，似幻似真。这幅美景似乎是为了呼应此时我们心中对于 CDD 项目的感受——美妙绝伦，但又总是无法让人一览无余。

我们今天要去南华县的铅厂村。各社区选出来的评审委员会的成员将在一起共

雾锁群山。

同讨论评审细则，为下一步的工作做准备。

在铅厂村委会的活动室里，来自21个社区的近70名社区评审代表把房间挤得满满当当。如何制定评审细则是大家都非常关心的问题，因为这直接关系到哪几个社区的项目可以在评审中占据优势，所以可以预想代表们对于任何一条细则都会慎重讨论。

没想到，刚开始讨论第一条“贫困程度”，代表们就争执不下。

“我们怎么来定哪个社区算贫困，哪个社区不贫困？”昨天在南华县的另一个村制定评审细则时，代表们就互不相让，都说自己所代表的社区很贫困。所以今天县扶贫办的工作人员才有技巧地启发大家。

“还没有通路、通水的就算是贫困。”有村民大声回答。

“其他呢？”

“住房差，没有机耕路的也算。”其他村民补充。

“那贫困程度这一项应该占总分多少呢？现在暂定的是25分，但大家可以调高，也可以降低。”

“给 5 分。”有代表提议。

听到只给 5 分，代表们沉默了一会儿，然后开始议论起来。

“5 分太低了！”

“差不多，贫困程度这一项不应该多给分，应该在社区的积极性这一项上多给分。”

“为什么只给 5 分呢？”南华县项目办的工作人员问。

“那些贫困的村子是他们自己懒，管理得也不好，项目给他们也做不成。”

代表们听了这句话，讨论得更热烈了，有不少代表点头赞同。

“那是不是大家都同意只给 5 分？同意的举手。”县项目办的工作人员再次确认。

眼看多数代表举起了手，一个满脸皱纹的老人站起来激动地说："我不同意，如果贫困程度这一项只给 5 分，那这个项目还是不是扶贫的项目？扶贫不就是应该照顾最贫困的村子吗？像我们这样路不通、水也不通的村子，要什么时候才会考虑我们？”

坐在我旁边的村民告诉我："他们村子很穷，人口也少，总是什么项目都轮不上。”

而此时，一直坐在一旁的村支书再也坐不住了，一再地问："我可以说话吗？我可以说两句吗？”

村支书谈了自己的想法，引导大家从大局出发。南华县项目办和乐施会的项目官员也分别从各自的角度谈了项目的理念。

最后，代表们同意将贫困程度这一项的得分调整为15分。

因为评审细则如何制定关系到哪些社区的项目能被最终选上，而代表们为了在评审时让自己社区的项目占优势，所以尽可能地将评审细则制定得对自己有利也是人之常情。当村民们都纠缠于各自的利益时，村委会以及扶贫办就应该各尽职能进行协调。所谓社区主导，并非是完全任由村民自己说了算，合作伙伴们在其中也扮演着重要角色。在社区的自我管理机制还不成熟时，必然需要各级政府部门引导、协助和监督。

然而，在项目刚开始实施时，合作伙伴们虽清楚自己需要扮演的角色，也知道要承担责任，但对于要如何拿捏和收放却仍然困惑。管得过多，就变成了干预；管

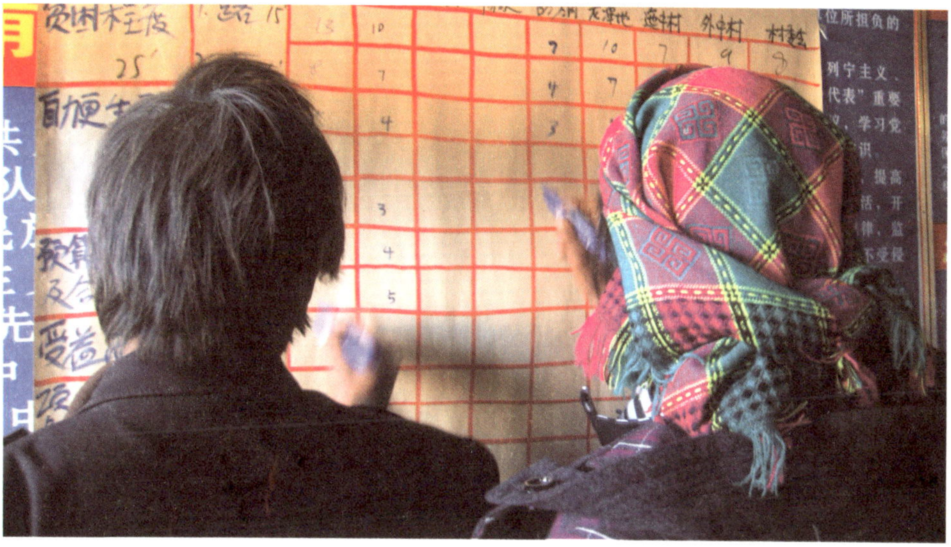

代表们评分。

得不够，又成了放任。在这个项目中层面合作伙伴的角色该如何扮演，对于他们来说，仍然有待探索。

这个项目归根结底是一个扶贫项目，而我们所支持的资金也确实是一笔扶贫资金。但是当我们强调社区主导后，一些贫困社区可能会因为组织管理能力差，或者是积极性不高，在其他社区代表那里拿不到高分，从而失去获得项目的机会。虽然这也是一个让社区学习、了解自身不足的好机会，但是否能够既让社区从中学习和完善，又确保扶贫项目和扶贫资金能放在最贫困的社区，这也是我们需要思考的。

雾　中

带着困惑和疑问，昆明团队来到了广西。桂林市的全州县和资源县已经结束了第一轮的评审，我们希望从广西的评审经验中解答我们的疑惑。

在全州县的水晶坪村，因为评审委员讨论后将项目的资金额度限定在 10 万元以下，所以 25 个社区中共有 8 个社区争取到了项目。也由于资金限制，多数社区申请的都是修水渠或整固坝塘这一类的小项目。我们到社区中走访时发现，这些小项目都与社区群众的生产生活息息相关，项目实施后对社区现有的不便会有极大地

代表们制定的评审细则。

改善。正因为如此，我们看到群众的参与积极性很高，除投工投劳外，还自筹了部分资金，甚至有的社区自筹的资金几乎与我们支持的资金持平。比较有意思的是，水晶坪村没有细化在云南项目点讨论很激烈的评审标准。当我们问评审代表这样是否能够顺利选出项目时，代表们回答："我们就是主要依照项目的轻重缓急来评，只要有了这个标准，我们即使没有评审细则，也能评出让大家心服口服的项目。"确实，他们评出了大家都交口称赞的项目。

"我现在确信当初的判断，CDD 项目能够促使资源被高效率地使用。"昆明农村发展与灾害管理团队的经理冯明玲在访点后的反馈会上，目放光彩、语带兴奋地说。

在后面的项目点，我们看到合作伙伴们引导着代表，除制定评审细则外还制定了评审办法。在评审办法中明确了参加评审需具备的资格，也规定了在评审现场应该遵守的纪律。例如，"参加评审前需要准备好项目的概述、预算及全社区对项目的意见等相关资料，否则不能参加评审"，还有"在评审现场争吵，劝说无效后取消参加评审的资格"，以此来提高评审效率，杜绝争吵和纠纷。

同时，我们也见到了细致又系统到让人惊讶的评审细则，写有评审细则的白纸张开时可以把村委会办公室的墙面都贴满。然而当我们就细则制定过程及评审过程询问代表时，代表们却难以清楚地说出这么细致的评审细则是如何制定出来的，又是如何指导他们评审项目的。我们虽然从各个角度提问，却没有办法得到可以使我们完全消除疑虑的回答。

从一个项目点返回的途中，我们遇到了山中的大雾。浓雾弥漫到车头的灯光也无法驱散，有一段路司机只能把头伸出车窗外，目视着前方的路况慢慢前行。

回想我们在广西的所见所闻，也似乎是在雾中前行。有时候已经看到阳光驱散阴霾，似乎光明就在前方，不久却又浓雾缭绕。

通过广西之行，我们确信由社区自己评审项目的方法是高效使用资源的好办法；也看到有了合作伙伴的有效引导，既规范了评审过程，提高了效率，又避免了纠纷。但同时我们也认识到，从我们到伙伴到评审委员会再到社区，都还需要加大监督的力度。

雾 散

时隔一个多月，我们再次前往铅厂村。转过同一个山崖，已不见让我们惊叹又谨慎的雾景。

来到活动室，仍然挤满了评审委员会的代表。不同的是，代表们已在讨论后达成一致，制定出了评审细则。而县扶贫办的工作人员和村委会领导在评审现场各有分工，都已找到了自己的位置。

各社区的代表按照抽签顺序依次演讲，然后回避，等待其他社区的代表打分。代表们打完分后，村委会和乐施会的项目官员负责统分。

其中，我特别注意到上次大叫给5分不公平的老人也代表自己所属的马龙河社区发表了演讲。“我们村有3公里的路不通，一直盼望着能有一天把路修通。我们虽然条件差，但因为只有5户人家，所以各种项目一直轮不上。现在有这样的机会，我们全村都很珍惜。各家各户在一起开会后同意自筹2万元，然后再申请3万元来修这条路。”

“5 户筹 2 万元，相当于每户要出 4 000 元，对他们来说很不容易。看来他们真的是有心要做这个项目。”其他社区的代表听到后都纷纷感叹。

老人非常紧张，也很激动，一直反复地说：“我们不通路，真的很困难，希望得到支持……”“不用多说了，你们村的情况大家都很清楚，我们会凭良心打分的。”有村民说。

确实，在打分时，代表们都代表自己的社区公平、公正地进行了打分。不仅是对马龙河社区，对其他社区也是一样。

因为有 18 个社区参加评审，等所有社区演讲完并打分后，已经是晚上 7 点了。有些村民白天来的时候穿得比较单薄，傍晚降温后被冻得瑟瑟发抖。虽然我们找了一些棉被给他们披着，但他们总是披不到一会儿，又站起来看看。我们都理解，即使是忍冻挨饿，也难以抑制急于知道评审结果的心情。

代表们演讲。

终于到了公布结果的时候。马龙河以77. 76的高分排在第一，同时争取到项目的还有另外4个社区。

老人得知结果后，反而有点不知所措，只是站在一边不停地笑着。

对于我们来说，其实也是觉得又意外，又在意料之中。

在走访云南、广西项目点的两个月中，整个团队在也不断地学习、分析和讨论中得到了成长。我们看到各项目点在同一个框架下因地制宜地探索着适合自己的模式。同样的种子，在不同的土壤、气候条件和人力作用下长出了不一样的嫩芽，将来或许还会开出不同的花，结出不同的果实。但毋庸置疑的是，这些花都是为了社区群众而芬芳，这些果实也是为了社区更美好的明天而结出。在项目未来的实施中，雾或许会再起，但我们坚信推动社区在扶贫资源使用中转变角色和完善社区的自我管理机制是正确的方向，只要朝着这个方向坚定地走下去，再浓的雾也终会散去。

农村社区扶贫思考两则

李昌平

由石门坎社区发展基金所想到的农村金融改革

石门坎特色的社区信贷合作社

石门坎位于贵州毕节与云南昭通交界的威宁县，是贵州有名的贫困乡，人均纯收入 700 元左右。

2004年5月，我拜访石门坎乡信用社的工作人员。他们说，两年前开始学习乐施会在石门扶贫点上的“小额信贷”管理模式，贷款回收率由原来的40%上升到现在的80%。

信用社的工作人员所说的“小额贷款”，就是乐施会的发展工作者所说的“社区发展基金”，也叫社区信用合作社。我考察过国内外一些地方的“小额贷款”，石门坎的发展工作者和当地群众共同创造的“社区发展基金”管理模式设计精妙、独具一格。他们将村社的农户按照相同的贷款需求时间编成若干个五户小组（责任利益关联），每月 18 日集中开会还款和放款，前面贷款农户的还款，大约是后面农户需要的贷款，一环扣一环，结算、监督、审计以及利息收入的处置都是公开透明的，用会议办公的形式完成。整个管理几乎没有成本（没有工资），天衣无缝，回款贷款运转有条不紊。

以石门坎荣和村的荣和社为例：全社51户，2001年2月根据社区发展委员会全体社员的要求，乐施会赠与发展基金本金35 700元（户均700元）。随即，社区选举产生“发展基金”管理小组。选举产生了邱广勇（不识字）为组长的五人小组（有会计、出纳、监委）。五人小组多次组织社员讨论，达成一致：每户贷款上限1 500元，贷款期限6~12个月；相同贷款时间的农户自愿组成“五户联保”（不超过8户为限，相互担保，一户还不上款，另外四户愿意帮助垫上；相互审查、监督贷款用

乐施会的项目选点社区。

途；相互帮助制订发展计划、分享发家致富经验）；一次贷款，分次（6~12次）偿还，假如贷1 500元，每月连本带息还款135元（1 000元年息80元）；每月18日为约定的公开还款和贷款日，上期贷款户的当月还款保证当月需要资金农户的贷款，利息归公（当场转社区发展委员会管理）；贷款主要用于种植和养殖。

两年运转下来，回款率 100%，积累利息 5 000 多元。生产有了很大的发展，土豆、玉米产量翻了番，养猪由户平均 2 头发展到户平均 8 头。经济发展了，社员们有了新的需求。2003 年下半年，他们对“社区发展基金”进行改进，将 5 000 元利息转为发展基金本金，本金充实为 41 000 元。一半资金按照原来的方式运作，另一半的资金主要用于支持部分农户做小生意（百货、牛马交易、肥料、大米兑换土豆、玉米等），可以短期贷款（一个星期都可以），最长期限不超过半年，贷款最高不超过 3 000 元，要有 4 户农户用大牲口担保。贷款的利息相对较高，根据贷款期限的长短浮动，最高的 2%（100 元月息 2 元），最低 1%。利息收入转入助学基金或合作医疗基金的本金。这次改革，大大促进了荣和村小商小贩经济的发展，仅做牛马生意的农户就有了 8 户，每年“收购—寄养（育肥）—交易”牛马超过 1 000 头。

乐施会2000年以来在数十个社区资助“社区发展基金”，95%以上社区的还款率都是100%。主流的观点认为，农村信用社面对小农经济，农户分散、信息不对称，一是风险大，二是成本高，三是穷人没有信用，所以农村信用社怎么搞也难以为穷人服务。石门坎的发展工作者和人民群众的“社区发展基金”管理模式会不会给我们一些借鉴呢?

石门坎“社区发展基金”管理的基本要点

我总结乐施会数十个“社区发展基金”实验点，得出四个最基本的要点：

（1）社区成员建立“社区发展基金会”的自发性。什么人入基金会、选什么人理事、制定什么样的规则、日常怎么运作、利息怎么处置等，这些事情全由社区成员自己讨论，发展工作者可以对讨论的结果提出疑问，激发他们更深入的讨论，绝不可以代替他们制定游戏规则。建会的过程可能会很长，但这样的过程是提出问题、沟通协商、统一认识、共同建设的过程。走过这样的过程，运作起来就很顺畅了。建会的过程由社员自己走过，他们就对“社区发展基金会”产生了拥有感、成就感、自豪感和责任感，这是成功的秘诀。

（2）公开透明、公平公正的民主管理。贷款还款活动最好在固定的地点、固定的时间、以集中办公的形式进行，在集中办公的同时，最好安排一些技术培训、经验交流、文艺演出之类的活动。集中办公可以简化监督、降低监督成本、增强监督有效性，降低资金管理风险。值得一提的是，有了社员自己建会这一步，才有真正意义上的民主管理，才有真正意义上的公开透明、公正公平。

（3）“五户联保”的保障机制。当然也可以是6户、7户、8户。如果社区比较小，最好不要超过8户。“五户联保”有三大作用：一是相互帮助制订和实施家庭发展计划，增强家庭经济发展和抵抗市场风险的能力。二是简化贷款审批过程，增强民主管理和监督的力度。4户同意给一户贷款，只要有钱可贷，一般就可以贷到款。由于有五户小组，发言就比较有分量，民主管理和监督不是软弱无力。三是加强社区团结、改善民风特别有利于诚信建设。如果有人不讲信誉、好吃懒做、偷盗赌博，就找不到人联保。联保是多数勤劳诚信的人孤立和教育少数不勤劳诚信的人，勤劳诚信就成为社区风气。联保也促进了社员之间的相互帮助和学习，从而增强社区的合作精神和凝聚力。由于这三大作用，保证了非常高的回款率。

社区工作者入户指导工作。

（4）服务社区的封闭运行。“社区发展基金”是封闭运行的，不与其他社区的成员发生借贷关系，也不吸收社区外的资金入会，参与和服务的对象就是本社区成员。这样的好处是信息对称，比较安全；监督管理简单方便，成本也很低。

有这样一个医疗合作社

我一直以为中国的合作医疗是1967年发源于湖北宜昌长阳。其实，云南省澜沧拉祜族自治县木嘎乡拉巴村，最早于1962年开始搞合作医疗，并且一直坚持到今天，从来没有间断过。最让人难以置信的是，全村人均缴纳合作医疗费用0.5元钱从1962年一直坚持到1971年；人均缴纳合作医疗费用1元钱从1971年一直坚持到1997年；1997年至今是人均缴纳合作医疗费用5元钱。就这点钱，竟然保证小病免费，大病报销30%，收支基本平衡。

拉巴村合作医疗的起源

澜沧县木嘎乡拉巴村距离澜沧县城 108 公里，距离木嘎乡政府 18 公里。拉巴村有 3 个自然村，9 个村民小组。有农户 608 户，2 639 人，其中妇女 1 299 人；2004 年人均收入 580 元，人均口粮 329 公斤。全村 100%的拉祜族。

20 世纪 60 年代以前，拉巴村常见的病主要有风寒感冒、痢疾、疟疾、天花等，在缺医少药的山寨，得了病一般都认为是鬼作怪，通常是找巫师。巫师通过杀鸡、猪、牛，甚至杀人驱逐鬼怪治病救人。

1961 年，有个叫张扎区的中年人，儿子得了一种怪病（据说是劳伤加肝炎），张扎区不信巫师，而相信一个用草药治病的张婆婆。在张婆婆的精心治疗下，张扎区儿子的病慢慢地好了。从此，张扎区立志学草医治病救人。从 1962 年开始，张扎区一边在向张婆婆学医的同时，分别拜周边县的十五个有名草医为师；一边用学到的草药草医知识偷偷摸摸地给村民看病，开始了他一生免费为乡亲看病——合作医疗的事业。

到1964年，张扎区已经成为周围村子小有名气的草医了。为了进一步提高张扎区的医术，政府和村上还多次送张扎区到乡、县、地区的医院进行短期的培训。张扎区医术越来越高明，自己采集、研制的草药越来越多，给社员看病的成本却越来越低，社员每人每年0.5元的人头费（其中支付张扎区每月25元补贴），看病再不用任何开支了。为了降低村民的发病率，张扎区定期用草药熬制预防药汤，分发到各家各户。村子里生病的人越来越少，巫师越来越没有市场了。

拉巴村合作医疗与政府主导的合作医疗接轨

张扎区经过多次培训学习，西医也有了一定的基础。从 1971 年开始，张扎区以草药为本、以西药为辅给村民治病。从此，拉巴大队的合作医疗和全国的合作医疗模式接轨，赤脚医生也增加到 4 个。当时的拉巴大队有 2 400 人，9 个社，每人每年出 1 元钱加入合作医疗，分社核算，多退少补。收取的合作医疗费，由大队会计存入乡上的信用社，存折由大队书记管。张扎区开药方，病人找会计和书记拿现金买药（西药）。小病不出村，只出挂号费 0.05 元；大病由张扎区开证明到乡上医院治疗，国家补助一点（只从 1971~1975 年补助了 4 年），约 30%，合作医疗报销 20%（特困户报销 30%），其余由个人支付。这样的制度一直坚持到 1997 年。

乐施会资助——拉巴村合作医疗进入新阶段

1996 年，乐施会来到拉巴村，此时人均口粮 201 公斤，人均纯收入 110 元，医疗合作社已经拖欠乡卫生院 4 000 多元。根据群众的要求，第一个项目就是资助合作医疗。1997 年乐施会最先投入的 5 000 元，是建立 20 亩的草药基地。原来的草药是张扎区到山上去采，品种也不全。草药基地建立后，用药方便了，品种也能够满足需求，还能卖钱。1998 年，又投入 3.8 万元，其中 2 万元建医务室，1 万元用于西药周转，8 000 元用于培养两个年轻的村医。2001 年，又投入 5 万元建立合作医疗茶叶基地63亩（茶叶收入用于合作医疗）。从1997年开始，全村有了6个年轻的医生，人均合作医疗费用由1元增加到5元。合作医疗进入新阶段，出现了新的管理模式特点：

（1）基础性的健康培训和预防是关键。健康培训分两部分进行：一是张扎区根据社区的常见病在不同季节和气候条件下的发生情况，在每周祷告前做培训，普及一些草药预防和治理常识；二是青年医生根据县卫生系统的季度预防与卫生保健宣传资料，在教堂对村民进行定期培训，还定期对妇女进行针对性的培训。预防也分两部分：一方面，张扎区每年至少两次统一熬制草药，分发到人，有针对性地预防常见病的发生；另一方面，年轻村医根据县卫生局的要求对村民进行免疫预防。

（2）制度化的民主管理是保障。统一管理、分社核算；季度盘存（药品）、分月公布（财务和病情）；代表监督、公评公议。

全村三个大社（大拉巴、小拉巴、芒尾）统一人头费标准，统一购买西药，统一制作草药，统一服务和药品价格，统一培训和预防，统一管理合作医疗基地，统一财务管理；分社区记账，分社区核算，多退少补；每个季度都由社区发展委员会组织一次药品盘存，每次盘存的结果都张榜公布；每月都公布挂号人数、病情和药

拉巴村的妇女。

品支出情况；社区发展委员会设有专门的监督小组，每月都对合作医疗运行情况发布监督报告，报告的内容主要有药品采购是否符合程序，看大病和报销是否符合程序与标准，服务态度是否让社员满意等，社员在月底的祷告前都可以对医疗服务进行公开的评议。

看大病的程序：如果社员得了大病，要到乡上或县上治病，首先要村合作医疗的医生开出同意出村就医的证明，病人拿到证明后要到村发展委员会盖上公章，病人看病回村，凭正规报销单在村财务室报销30%。月底要接受监督小组的审查，并公布审查结果。

购买药品的程序：先由村合作医疗的医生填药单，拿到正规医院或医药批发店划价，由发委会出纳和发委会主任或副主任一起付款领药，再将药品交给库房医生保管；进药的明细会定期张榜公布。

药品的管理：药品由库房医生管理，发委会按期对药品使用和药品库存情况进行清点，检查处方用药、药品库存、挂号收入、药品外销收入是否一致。盘存的结果会及时公布。

（3）草医草药是根基。草医草药是拉巴村合作医疗的根基：一方面，没有草医草药就不可能有拉巴的合作医疗；另一方面，拉巴村几十年来能够将合作医疗坚持下来，根本的一条就是因为草医草药降低了成本。

（4）乐于奉献的张扎区精神和诚信的社区文化是条件。在全国合作医疗都纷纷垮台的情况下，澜沧县乃至全国为什么只有拉巴村合作医疗顽强地坚持下来了呢？除上述三个原因外，医生的奉献和社员的诚信是重要因素。群众认为，张扎区一生乐于奉献是合作社坚持下来的主要原因；而张扎区医生则认为，全体村民都信仰基督教，没有人抽烟、喝酒、打牌赌博，人人都诚实守信，都自觉维护合作医疗制度。

现阶段拉巴村合作医疗存在的主要问题有以下几个方面：

一是有西医化的趋势。如果丢掉草医草药的优势，一方面，草药的预防作用发挥不出来，疾病会大大上升；另一方面，治病成本会大大上升。人均5元钱是远远不够的，即使茶园和草果基地每年有数万元补充合作医疗基金，也是难以维持的。

二是1997年以来，西医西药的使用，购进售出频繁，日常财务管理和年度核算越来越复杂，社区组织的财务管理水平明显不适应要求，恐怕需要外部监管或会计服务。

三是社区传统疾病没有上升，还有下降的趋势，但妇科病近几年来上升很快，现在约有 30%多的妇女患有妇科病，原因可能是复杂的。

四是张扎区医生已经76岁，还在草药预防和健康培训方面发挥重要的作用，年轻的医生们有轻视草药草医作用的倾向，一定要在年轻一代的医生中找到接替张老医生的人。

五是如果想得到政府人均 20 元的合作医疗补贴，将拉巴村纳入国家合作医疗试点单位，继续维持合作医疗现有的四大特色（一是有草药基地立社；二是民主管理固社；三是有经常性的健康培训和预防强社；四是奉献精神和诚实守信护社）恐怕是一个难题。我认为，这四大特点缺一不可，而政府主导的合作医疗很难尊重草根医疗合作社的传统。

作者（后排右一）与社区农户在一起。

李昌平，1963 年 4 月生，湖北监利县人。经济学硕士。有 17 年基层工作经验。2000 年 3 月上书朱镕基总理反映“农民真苦、农村真穷、农业真危险”，引发湖北等地农村改革，波及全国。2002 年 12 月出版《我向总理说实话》，“三农问题”由此成为公共话题。2003 年加入乐施会至今，任农村生计项目官员。现为乐施会中国部顾问，中国体改研究会研究员。

农民发展故事五则

马明录

我叫马明录，男，回族，大寨乡清水岭村一社人，全家6口人，3个劳动力，承包土地面积36亩，其中粮田面积21亩，油料面积5亩，退耕还林面积5亩，种草5亩，养牛4头。乐施会项目实施后，全家人均纯收入从以前的500多元上升到现在的1 200多元。

我是第一批项目户，并且承包种公牛，一年下来，家庭收入有了很大的提高，对保护全村的环境有了一些认识，这是因为我参加乐施会组织的一些培训，懂得了保护环境的重要性。项目为我配了一台太阳灶，一年能省1 400多公斤柴，而且做饭、烧水也非常方便。

我们这里以前实施项目或者是村上要办什么公益事业，都是乡上和村上的干部说了算，很少问我们需要什么，愿意干什么。乐施会实施的项目和以前实施的项目就有很大不同。

先说选项目。2002年10月，乐施会组织人员对我们村的整体情况进行调查了解，分三个组对全村所有人家进行入户调查。他们到我家里来征求我对发家致富有什么想法，想干什么，同时问对全村发展有什么看法。他们在全村调查了解情况后，召开了全村大会，将情况向大家做了说明，进行了分析和归纳，总结提出大家都想干的项目，并由我们举手表决，决定要实施的项目。

再说选项目户。乐施会根据调查了解的情况，先确定20户特困户，然后提出余下的项目户的入选条件，并要我们表决通过。表决后按照各社人口多少将各社的项目户数分下来，由各家出一人，进行投票选举，选票就地取材用玉米粒代替，大家通过投票选出的项目户，都是应该扶持帮助的人家。

我记得有这么一件事，在选项目户之前，我们社有一家姓虎的，他家非常穷，

项目实施前的清水岭村。

担心他们在村里的家族小，选不上。他扬言如果选不上他，就要把他年近 90 岁的老父亲抱到乐施会的车上去。结果，在乡上和乐施会人员的监督下，选举很公平，选出的人都是大家公认的贫困户，他也就没有什么话说了，很高兴地接受了选举结果。

这样的项目让我觉得是在干自己的事，不是在为公家完成任务。我周围的人家都这样说，像乐施会这样实施项目，就算我没有当上项目户，我觉得也是公平的。

陈志学

我叫陈志学，男，回族，现年44岁，大寨乡清水岭村一社人。全家现有6口人，总耕地面积31亩，其中粮田面积24亩，退耕还林面积3亩，种草4亩，有大家畜3头，现在全年全家收入5 000多元。

我是清水岭村项目的第二批项目户。乐施会给我扶持了一头基础母牛，今年下了一头牛犊，我把牛犊给了第三批一户人家。我觉得这种方式很好，第一批项目户是最需要帮助的人家，所以他们的基础母牛归其所有，第二批是相对比较贫困的人家，所以牛犊要扶持给第三批，既帮助最需要帮助的人家，让他们有了发展的资本，又使项目覆盖了全村，兼顾了公平。

贫困户的居住条件显著改善。

项目还设计了种草和种树以及太阳灶的配备，并进行了多次培训，使我们对环境保护有了一定的认识。以前我们烧水做饭靠砍柴，现在大家都认为，植被破坏了就很难恢复。再说，有了太阳灶，烧水、做饭都很方便，就这个小小的太阳灶一年能为我们省几百块钱。

乐施会为村民提供的太阳灶。

自从项目实施以来，我的观念和家庭收入都有了很大的变化。我觉得项目给我的最大感受是，项目的实施都是按照我们老百姓的愿望来设计的，是我参加项目实施以来最为公平的一个项目。乐施会的项目实施前，会派人到各家各户了解村民的愿望，把我们最关心、最想实施的项目设计进去。在项目实施过程中，有乡村各项目办的人指导，实施起来有条有理，当初设计什么就实施什么。我觉得，这样的项目有老百姓自始至终地参加，是我们最欢迎的项目。

上述材料由乐施会前西北地区项目负责人丁文广于2006年收集。

李阿努

我叫李阿努，是木戛乡大班利社区的，我们这里住的都是拉祜族，以前这里特别贫穷，大部分人家连饭都不够吃，一个月都吃不上一次肉，住的大部分是茅草房。

1995 年，乐施会来这里开展农村综合管理项目。这些年来，村子变化可大了，

阿努和他的牛。

水渠修复了，大家种起杂交水稻，养的猪也多了，每隔一天都有杀猪卖的。基本上没有缺粮的农户了。有少部分农户会缺粮个把月，那是由于他们不好好计划，有的是卖了粮买酒喝、买肉吃粮食才不够吃的。大家现在基本都住的是瓦房，比以前的茅草房强多了。大家的自主意识也增强了好多，都愿意来参与社区里的事情，而且妇女们现在也能积极发言，我们这些男人也知道尊重她们的意见了。还有，村里现在有了村医，大家看病也方便多了，不会像以前那样拖着，拖成大病。

我们的改变就更大了。我家自1995年项目支持种杂交水稻以来就不缺粮了，现在还可以有少部分大米出售。主要是靠养殖、种植甘蔗和茶叶来赚钱，每年的经济收入6 000元左右，在社区算中上等水平。

我们家参加了很多乐施会的项目，有社区组织的种植、养殖培训、妇女培训、沼气项目、社区发展基金。社区发展基金主要用来养猪以增加收入。我今年 3 月贷了 1 000 元买了 4 头猪和一些饲料，到 12 月可以卖 3 头，自食 1 头。今年猪价好，3 头猪可以卖 3 000 元左右。

沼气，我家一直都在用，特别生产忙的时候，煮早点、炒菜快，还可以照明，节约了电费和柴。接受种植培训后，我家开始种杂交水稻，粮食都比较稳产，每年水稻收成 2 000 公斤左右，玉米 1 000 公斤左右。我家今年人均收入 900 元左右，人均有粮 400 公斤左右，比项目没有支持前增加一半都还多。我和我妻子都参加了社区组织的妇女培训，培训后对妇女的卫生和健康意识有了一点提高。大姑娘在中心完小读三年级，儿子还没到上学的年龄，只要小孩能读上去，无论读到什么阶段我们都供。不读书不好，现在的我们就是没有文化，难！

现在村里面生活已经大大改善了，只是旱季的饮水还有些不够，要是每家能有一个水龙头就好了。但有这些帮助已经很好了，毕竟发展还是要靠我们自己努力才行。

村医魏晓芳

安康社区是澜沧县安康乡安康村委会下设的一个自然寨，是一个佤族聚居的贫困社区。我们进入村子，正是丰收时节，到处都有佤族妇女晒自家丰收的玉米，处处洋溢着幸福的气氛。村医魏晓芳也在其中。

魏晓芳家中有 6 口人，公婆年老已经无法下地干活，儿子在村完小上五年级。家中有水田 5 亩多，甘蔗地 15 亩，家里只有他们夫妻俩支持这个家庭的生活，十分辛苦。魏晓芳曾经把上大学、走出这个山寨当做自己的理想，但是由于家庭贫困，只读到高中二年级，就不得不中断学业，回家帮父母干活，和社区中其他佤族女孩一样，18 岁就出嫁了。自己刚嫁到丈夫家里，婆婆长年生病，不仅做不了事情，而且还得四处筹钱医治。家里种的粮食年年都不够吃，每年到社区储粮会借 500 多斤粮食。魏晓芳说到之前的贫苦生活，感慨道：“那时真的很艰难。”

魏晓芳与女儿。

乐施会项目进入社区，魏晓芳和其他村民一起改种品种稻谷，学会科学种植，每年粮食都吃不完。从2002年开始，社区开始运作社区发展基金，每年都能贷到1 000元，买小猪饲养，平均每年可以赚3 000元。“去年，用存的钱，我们家新盖了一间大砖瓦房。今年猪价特别好，我们家赚了6 000元，还上1 000元的贷款，还有5 000元，比去年多了2 000多元。”说到这些，魏晓芳满脸的幸福。

1998年，社区开始实施合作医疗项目，魏晓芳被村民选出，到县城接受医疗技术培训。经过两年的实践和学习，2000年，经县卫生局批准，她获得行医资格，成为村中的赤脚医生，为村民服务。2007年，社区评定好、中、差农户，村民将她家评为普通户，但她把自己列入富裕户中（被评定为富裕户的农户在享受社区资源时会少于普通户和极贫户）。

此前，寨里只有一个村医，而且要服务行政村。村子离乡政府有8公里远，村医缺少药品，村民不得不到乡政府卫生院去看。自从村中实施合作医疗，项目为村子建了个卫生室，投入医疗周转金，并联系县卫生部门对村医进行培训，提高村里的医疗服务水平，而且还为村卫生室购买了医疗器械。村民在村子里就能解决看病的问题。

在魏晓芳成为村医之前，村中的妇女都不敢找村医看病，觉得男医生为自己看病，很不好意思，有病也忍着，经常小病拖成大病，一些妇科病也不敢找村医看。自从魏晓芳成了村医，妇女们无论大病小病，都找魏晓芳，她们相信魏晓芳一定能为自己解除身上的病痛。“真的是给了村里太大的帮助了，谁不想有个好身体呢？”访谈结束时，魏晓芳激动地说。

上述两则故事素材由乐施会西南生计项目干事薛金铃提供，志愿者费晓静整理。

老人王才正的“胃病”

灰暗的屋子里，禄劝县翠华乡石垭口社区的老人王才正和老伴杨秀兰正在掰玉米。不大的房子里堆了十几筐，地上还散了一地。

这位64岁的老人说自己得的是胃病，不时会有头晕、心口沉痛的感觉，而且饭量小。这种状况持续了多少年，老人也记不清了。记忆中严重的情况是在 1997 年前，那时平均每年有 3~4 个月缺粮，主要靠玉米充饥，再加少许麦子和洋芋。为了让两个女儿、一个儿子和老伴多吃点，老人常自己挨饿。发病严重时，也不过到村委会的卫生院去看看，每次来回要翻 6 公里的山路，而且那时村里没有马车（更别说机动车），只能靠人背。看病要交现钱，也让老人为难。老人说这个“大病没钱看，小病不必看”的状况，一直持续到村里有了合作医疗社。

王才正夫妇。

“那是 2003 年了。当时乐施会资助每位农户 20 元钱，在村子里帮忙组建医疗社，还负责培训医生。每人掏 10 元钱就可入社，我们老人还得到照顾，只要交 5 元。你看，现在我只要步行 200 米就能去社里拿药，而且还可以赊账。”老人不禁兴奋地走到屋外，将医疗社指给我们看。

水窖。

“可是，您的胃病不是很严重吗？医疗社的设备和水平，都不能在您病重时给您满意的治疗啊？”对于我们的疑问，老人几乎脱口而出：“那可以到村里借钱，去县医院看病。2005 年我就借了 2 000 元去城里治的，这是我生平最大的一笔借款。”原来老人参加了乐施会的社区发展基金，跟同族兄弟共六户组成互助小组，有 2 000 元的最高贷款额度。正常情况下，需由每户提出贷款申请，经小组同意后报社区基金管委会批准，才可通过财务领钱。由于老人是突发重病，40 户紧靠山坡居住的石垭口村民很快便都知道此事，小组当天提出后就获得批准，并从出纳处领到钱。因为这笔钱，老人得到及时治疗，渡过难关。

回忆起当时的情形，老人不胜感慨：“我从没想到这么快就可以获得这么大一笔贷款呢。病好后，我时刻记挂着还钱。当年就卖牛还了款。”不过，老人说那次只是救急，病根并没有除掉。现在还不时有头晕、胃痛等症状。

老人告诉我们，他们这个全苗族山区吃上米饭是近十年的事。1992年前这里主要靠种植玉米等维生，因为这些作物耐旱抗寒，适宜于在这个海拔2 000多米的缺水山区生存。也因为缺水，牲畜养殖无法扩大。老人清楚地记得，从4岁开始翻山背第一袋水起，到2002年乐施会在每家门前修水窖之前，他整整有55年的背水历史。

乐施会进来后帮助农民搞种养殖业培训、建饲料加工厂、办人畜饮水工程，不但使原先的种植业产量提高了，而且转变了产业结构，让养殖业成为这里经济发展的支柱。老人估计今年自家山地上玉米产量不会低于4 000斤，扣除用来换大米的1 200多斤，其余的就加工成饲料，喂养家里的1头牛、3头猪和20多只鸡。手头紧张时，就拿几只鸡，可以坐车去12公里外的集市卖，这些土鸡也可以卖到10元/斤的价钱。“现在吃饱饭没有问题了，猪肉是自家的，每周都能吃上，手头也有些小钱。”老人似乎对现在的生活挺满意。

“那您为什么不把病彻底治好呢？”我问道。“我问过医生，那需要 4 000~5 000 元。到哪里一下子凑这么多钱呢？即使向人借钱，也怕老了还不了。再说人老了，也不划算。”老人一连摇着头说。

近两年老人没有再向社区发展基金贷过款，现在也退出了小组。乐施会目前的项目似乎也无法满足老人的“需求”。如何在保障生计后，使“老有所安”，是我们在今后农村社区工作所必须考虑的。

本文由乐施会中国部传播项目官员刘曙光采访整理。

第四章　民工关怀

自己搭台自己唱戏
——记第二届新工人文化艺术节

王　静

……

出了驻马店车站口看到老乡们

有说有笑地扛着大包、小包的行李

脸上绽放着开心的笑容

我知道他们就要回家了

然而，我很多年都没有这样的感觉了

脑海中的家仅停留在儿时的记忆里

成年后，家早已成为四处漂泊的城市名称

从深圳到北京

北京成了我现在新的家

我已记不起这是漂泊中的多少个家了

……

北京打工的河南青年杨卫东于在“第二届新工人文化艺术节”上大声朗读着自己创作的诗歌。

打工文化艺术节开幕。

“自己搭台自己唱戏”是2009年10月第二届新工人文化艺术节的宣传口号，北京工友之家主办，乐施会支持。由2009年1月的第一届打工文化艺术节延续而来。希望来自全国各地的工友、关注打工群体的公益组织共同搭建自己的平台，展示打工群体的文化。艺术节首日，上千人汇聚在北京东五环外的皮村，共同庆祝这个属于打工群体自己的艺术节。相比第一届，本届艺术节的参加人数更多，活动也更丰富：戏剧、民谣、诗歌朗诵会、各种工作坊……在这里可以真切感受到打工群体的真实生活、经历与痛苦、奋斗与希望……因为这是他们自己的舞台，他们可以大声说出自己想说的话。

戏剧专场中，深圳工友表演的《回家的路》，讲述了辛勤的打工者为城市奉献青春后返回农村老家，却没有了土地与房屋，无处可归。工友之家的《城市的村庄》回应了艺术节关注的“打工群体居住状况”，对分配不公、房地产暴利等各种社会问题进行了辛辣的讽刺和批判。民谣专场中，既有专业劳工音乐团体黑手那卡西、香港噪音合作社带来的激情表演，也有工友自编自唱的真情歌曲。诗歌专场上，工友们质朴、真实地朗诵着自己的生活、理想和对现实的呐喊。各种工作坊也为大家带来知识与乐趣，女工开枝散叶种艺团带领参与者动手制作自己租住的小屋，让大家体会现有的居住状况并引发背后的思考。

现在，杨卫东已经是工友之家的一名工作人员，参加了两届艺术节的演出和筹备工作。

2002年，卫东从河南老家来到深圳龙岗区的横岗189工业区打工。“一边找厂一边找书店”的他发现了当地的一家劳工NGO组织——小小草，开始在那里借书并成为义工。爱好写诗的他还参加过“打工诗歌工作坊”。2007年，卫东参加了由工友之家主办的第一期“骨干工友培训班”。他说，当时的感觉就像“黄埔军校”。培训结束后，卫东留在了工友之家，全力负责刚刚建成的博物馆工作。卫东觉得，博物馆是一个平台，是产生价值理念的地方。或许很多工友不理解：一个厂牌、一件衣服放在那里有什么用？但是，这是一个过程，因为“没有我们的历史就没有我们的未来”。每一次的讲解对卫东而言都是一次重新认识，都会把对劳动价值的尊重与认可传递给更多人。

2009年元月，为筹办第一届打工文化艺术节，工友之家赶建“新工人剧场”。卫东回忆说：“当时白天建（剧场）晚上排练，都不敢相信能排出一个像样的话剧来，但后来我们打破了这个神话！”在第一部话剧《我们的世界我们的梦想》中，卫东的角色并不多，客串了主人公来子的父亲，更多是和同事一起进行诗歌朗诵。尽管如此，对于当时没有多少舞台经验的他来说，还是“有些紧张”。在2009年，卫东随着新工人剧团各地演出，舞台经验也越来越丰富。现在的卫东觉得：“每次演出的冷静或激动，与不同的场地、观众有直接关系，如皮村的新工人剧场，是自己最熟悉的地方，演出时会很冷静；而朝阳9剧场可能会更激动；最近一次的上海演出，则面对一些有良知的知识分子、中产阶级，这样的观众又会给出一些不同的反应……”2009年10月的第二届艺术节上，已经成熟的卫东展示了自己创作的诗歌，还与另一名同事主持了“打工诗歌工作坊”。较第一届的不同之处在于，诗歌工作坊没有设专业的诗人进行点评，而是重在参与，消除工友对“高雅文化”的距离感，让

首届打工文化艺术节上，工友们自编自导的话剧《我们的世界我们的梦想》。

唱出心声。

没有接触过诗歌的工友感受到诗歌的震撼力！

对艺术节的组织筹备，卫东也记忆犹新。第一年没有经验，如元旦时的北京天气很冷，大家在条件简陋的剧场中坚持着，吃饭的时间也很短，有些机构还要抓紧排练等等。第二届的时间提前到10月，气候适宜，食宿的安排也更加合理。既要做演员、主持，又要准备组织工作、进行后勤服务，卫东在两届艺术节期间"绷得很紧，不敢松懈"，演出的同时要担心孩子的安全、防火、突发事件等，还要关注文艺作品的宗旨是否与艺术节的主题相吻合……借第二届艺术节之际，打工艺术博物馆委员会召开会议，大家提议第三届艺术节将在全国不同地点设置分会场。卫东感到这又将是一个重任！

两届艺术节都顺利举办，但卫东的心情还是略有沉重：艺术节不是一个轻松"唱大戏的机会"，还有很多事情要做！

北京工友之家文化发展中心成立于2002年，前身为打工青年艺术团，2003年3月开始得到乐施会支持至今。目前工友之家位于北京朝阳区皮村，在乐施会的支持下开展新工人文化倡导、工友组织能力建设、打工艺术博物馆等多项活动，并得到朝阳区政府、北京市政府的支持与关注，机构统筹孙恒也曾多次获得国家、地方政府的荣誉称号。

王静，2009年加入乐施会至今，任职城市生计项目官员。

小草的故事
——一个扎根工业区的劳工服务中心

深圳小小草信息咨询中心

横岗位于深圳龙岗区，在这个改革开放初年建立的工业区，什么类型的工厂都有：成衣、玩具、电子、五金、文具、玻璃、制鞋、纸品、印刷……在这70平方公里的土地上，挤满了2 300多家各色各样的工厂。

横岗本地人口不足2万，但常住人口达65万，他们大部分都是从内陆农村来打工的人。这里没有多少公用设施；工人工作、吃饭、休息三点一线，加班赶货，赚取每个月1 000来元的工资，很难有时间和资源到18公里外的深圳特区分享他们参与建立的繁华和绿化。在不用上班的时候，他们和他们的父母兄姐那一代外出务工者一样，忙着洗衣服和给家里打电话，或者到横岗唯一的一个人民公园看看大树和小草，或者静静地在喧闹的集体宿舍那2平方米的床铺上，思念远方的亲人和朋友。

来自广西的年青工人凯伦曾经这样描述这个地方：

“我们这边除了房子还是房子，不是出租房就是厂房，高的矮的，大的小的，新的旧的堆满整个社区，在社区内根本找不到一个可以休息的凳子，唯一的一个人民公园，还离我们很远。”

横岗工业区街景。

当然，时代毕竟进步了，上一代工人只能挤在工厂附近的小杂货店看电视，现在，工业区在经过三十年的发展之后，已经建了几个大商场，小店的18寸彩电已经被大商场外的大

液晶显示屏取代，以前的夜市也变得更热闹了，因为大批工人进城，横岗富起来了，房地产市场活跃，而且马上就会开通地铁，虽然，这些都和工人的生活没有太多的关系。

小小草信息咨询中心就位于这个工业区内，在乐施会的支持下，已经为这一批背井离乡的外来工提供服务6年了。

保障基本权利
——免费法律服务，发挥助人自助的精神

小小草中心每年都会接待上千宗个案咨询，派发超过 35 000 份劳动法资料，并且每个月都会举办劳动法学习班。中心希望通过让一些工人自己掌握法律知识，维护自身的权益，并成为工人中的义工，帮助其他未能有机会接触中心的工人掌握维权方法、建立维权信心，以实现助人自助的目标。

中心已先后培养了几百位工人义工，一些对法律特别有兴趣的义工，已具备独立解答工人劳动法问题的能力。

中心现任的法律专员也是以前到中心咨询个案的工人，通过系统的法律学习和长时间的经验累积，他现在已经在法律培训的岗位上，让更多的工人和他一样，成为能够掌握法律工具，而且有正义感的人。

徒法不足以自行
——建立工人文化

虽然工人在掌握法律工具之后，理应能够有保护自己权利的能力，但是，在小小草中心6年的实践中，我们发现工人对于法律给予的保障，并没有信心争取，这除了因为工人对法律程序缺乏信心之外，更多是和工人未能认知自身的劳动价值及自我形象低落有关。

工人如果连自己的公民身份也不能肯定，则无从再谈法定权利，所以，中心发展工人文化小组用中心通讯书写工人自己的故事，并且开展描述工人的文学、诗歌、

音乐、戏剧、摄影等文艺活动。通过文化活动，工人开始能够将心声说出来，这种文化上的自我肯定，让他们在日常生活中重新思考自身的处境，定位自己的价值，拒绝剥削，成为一位有尊严的劳动者。

所以，中心一直致力发展工人文化，邀请不同的义务导师，为工人提供各类的文艺工作坊，让工人可以掌握文艺表达技巧，而且，在文艺创作的过程中，让工友有机会重新审视自身的劳动价值。

文学小组是中心持续发展的小组，由工人自己组成编委会，每季编制中心通讯《工友天地》提供一个工人以文字诉说心声的平台。每期《工友天地》除了刊登工友写的打工文学作品之外，还有“热点关注”栏目，探讨打工者关心的热门话题；也设有“维权在线”专栏，传递工人的法律维权经验，鼓励其他工人依法维护自己的权益，使法制彰显。

我们也引入了民众戏剧的手法，和工人一起创作了属于劳动者的戏剧，2008年，我们参与了第一届打工文化艺术节，演出表达工人心声的戏剧《路》，其后工友不断地尝试自行创作剧目。虽然现时工人演出队的戏剧创作还未发展成熟，但是民众戏剧的参与式创作手法正可以让工友在排练和表演的过程中，脱离本来失语的状态，是很值得积极发展的。

大家在这里看到的工业区图片，就是中心基层色素工人摄影队的作品。摄影队于2009年7月成立。第一位有工人摄影队概念的，是一位14岁半就开始打工的女工凯伦。年纪轻轻的她已经有6年多的打工经验，她从汶川大地震的新闻照片中认识到摄影的力量，图片的故事诉说能力，让她决心和其他工友一起组织摄影队，以图片讲工人的故事。后来，她招募了队员（大部分都是来自中心周边工厂的女工），中心招募了导师，热心人士捐赠了旧相机，她们便开始以相片记录工业区的生活。摄影队员小红（玩具厂女工，外出打工十多年）说：“向社会反映我们的生活状况，是一件很有意义的事，因为很少人会关注我们，不知道我们拍的相片能不能发挥一点作用，哪怕只是一点点，如果真是能的话，我会非常高兴。”

2009年10月，他们拍摄的照片在第二届打工艺术节上展出，主题为“十五分钟的距离”，内容是我们这边工人的工作环境、生活环境及居住状况。从工友所居住的工业区步行到横岗商业街只要15分钟，但这15分钟的距离，却标示着城乡之间的巨大贫富差距。

工厂宿舍。

图片展览。

相片中，居住状况占了大部分板块。对于居住状况，很多工友都会有许多怨言，比如，厂里提供的宿舍，10 个人会有 7 个有共识：冬不暖，夏不凉，人多空间小，什么设施都没有，十分不方便。

所以，在展览中的照片之间看到一些彩色的纸条，纸条上面写的，就是工友对于居住条件的一些小小渴望，放在这里，希望多些人听得见。

当然，200多张照片和一个展览不可能带来翻天覆地的变化，摄影队的工友只是希望通过照片，可以让多一些人知道外来工的渴望，知道外来工的处境，哪怕只有一点点，就心满意足了，因为了解就是改变的开端。

在2009年的岁末，工人摄影队夺得了第二届opfix基金奖（http：//renyue.ofpix.com/2122.html）。工人的成就给工作人员带来无限的鼓舞，他们正在讨论2010年的拍摄主题，希望用镜头表达更多工人的真实生活，也希望以相片为媒介，让社会上的其他群体更真实地了解工人的生活。

一个只有 7 位工作人员的劳工服务中心，相对于中国数以亿计的外出打工者，小小草中心可以做到的，借用义工小红的话说，恐怕也只是“一点点的”，但是，小小草团队相信，所有改善社会的事，都只能脚踏实地，从一点一滴做起。工人现在正在踏出重觅自信的一步，中心于去年成立了工人合唱团，团队口号是“不再沉默，唱出心声”，工人通过自己填写的歌词，唱出劳动者的乡愁和辛酸，也唱出对爱情和尊严的渴求。

来自重庆的工友老猫，外出打工十多年，现在一家工厂做保安，2008年9月成为小小草义工，成为工人合唱团的一员。2008年末他写了首诗《不再沉默》，工人合唱团曾多次在小小草的活动中唱出来，希望你也可以从中读到来自基层打工者的心声：

唱出心声。

不再沉默

有人说我们很卑微
因为我们的工作最苦最累

有人说我们很贫贱，
因为我们住在低矮的屋檐

就像路边的小草，忍受着常年的风吹雨打，
还有貌似高贵的脚无情的践踏

今天，就在今天！
我们不再软弱，我们不再沉默；
我们要大声呼喊，我们要放声高歌。
因为我们是辛勤的劳动者
我们为劳动者而高唱赞歌！

虽然中心能做的并不是很多，但我们相信："世上本没有路，走的人多了，便成了路。"中心在工业区扎根 6 年，已成为了附近工友的聚会点，每天都会有很多工友到中心阅读图书或参加活动。我们希望通过不断的努力，可以和工人一起成长，构筑一个真正和谐的社会。

深圳小小草信息咨询中心（工友文化家园）成立于 2003 年 8 月，是乐施会支持下的一家专门为外来打工朋友服务的公益性民间机构，旨在丰富外来打工朋友的工余文化生活，宣传法律知识、信息，培养互助精神。

记打工妹之家家政工支持网络

林　虹

唐琴在研讨会上发言。

“专门职能机构给予培训；享受医疗和养老基本保障；让世人明白家政工是一个工种，是有技术含量的工作，应该享有平等权利。”2009 年 12 月 16 日，在“家政工体面劳动与促进就业”国际研讨会上，来自四川、在京工作的家政工代表唐琴简短有力的发言赢得了满场的热烈掌声。本次为期 3 天的研讨会由北京农家女文化发展中心打工妹之家携手国际劳工组织和乐施会联合召开，全国妇联、全国总工会等单位代表与国内外专家、学者、家政公司及家政工的代表，围绕家政行业面临的问题、家政工权益状况、促进家政工就业等热点问题展开了深入讨论。

从 2003 年开始，乐施会就携手打工妹之家推出项目，为家政工提供法律援助、互助支持工作，并开始家政工劳动权益的倡导工作。

家政工互助网络　提供姐妹交流互助平台

据不完全统计，全中国约有 1 500 万家政工，其中北京有 35 万人。这些妇女中 90% 来自中西部的农村。普通的驻家家政工月薪约 1 500~2 500 元人民币，其中 300~400 元要付给中介公司，作为介绍三次工作机会的费用；而员工制的家政工，每月则要付给家政公司 20%~30% 的月薪作为管理费用。

除佣金高昂外，家政工也面临劳动权益欠缺保障、缺乏社会支持网络等问题。主要包括：欠缺社会保障（特别是养老与工伤）、医疗保险及工资保障；工作时间长，没有休息时间，也很少有年假；有时受到身体、心理甚至性虐待；以及缺乏组织与集体谈判的权利。

面对家政工姐妹们的处境，2004年6月打工妹之家成立了家政工互助小组。互助小组为姐妹们提供互相交流和学习的机会，为她们提供交流的平台，平常在客户那儿受的委屈在这里可以说说，家政服务中有什么心得也可以共享一下。小组还会组织一系列的主题活动，如社会性别、法律权益、志愿精神等，培养并鼓励家政工发出自己的声音，同时利用各种资源，为家政工姐妹提供电脑、英语、月嫂培训等各种培训，提升姐妹们的家政服务技能。

面对打工妹们遭遇的劳动权益问题，打工妹之家的律师也提供法律咨询与法律援助。如2008年11月，来自安徽亳州的王金玲大姐向打工妹之家投诉，自己经北京某家政公司推荐，到一雇主家从事月嫂工作。2008年10月30日下午，雇主家的老妈妈在微波炉里热豆浆时，王金玲看见位置太高帮助其取豆浆，不慎被热豆浆烫伤左臂，经医院诊断为左前臂2%面积II级烫伤。雇主在王金玲受伤后只承担了数百元的医疗费，但王金玲为治疗伤口休息了2个月左右，因为是在工作过程中受伤，在与雇主协商没有结果的情况下，她找到公司负责人要求支付停工期间的工伤待遇，但被公司拒绝。后在打工妹之家的帮助下，王金玲于2008年12月向丰台区劳动和社会保障局申请工伤认定，2009年2月27日，丰台区劳动和社会保障局认定王金玲所受伤害符合工伤认定范围，并发放了工伤证。2009年3月18日，经打工妹之家律师调解，家政公司在丰台劳动局支付了王金玲2 000元作为工伤赔偿，此纠纷及时得到了解决。

几年来的互助小组运作，产生了一批小组的骨干成员，唐琴大姐就是其中一位。她是2005年一个人从四川老家来到北京做月嫂的，到2009年底她已经照顾过42个北京新生宝宝。2007年底，互助小组的另一个家政工姐妹介绍她认识了打工妹之家，从此在完成客户家的工作之余，她就来打工妹之家参加活动。其间她参加了姐妹的谈心会、英语培训班、合作社的讨论，还参加了家政工姐妹社区志愿服务队，到北

家政工姐妹参加互助小组活动。

京社区里为孤寡老人打扫卫生。

家政工合作社　建立姐妹互助新模式

北京农家女家政工合作社揭牌的场景。

家政工面临的一个主要问题，就是家政公司在抽取很大比例佣金的同时，却没有为姐妹们提供应有的保障。几年来互助小组的发展已经凝聚了一批家政姐妹，打工妹之家也在思考如何更好地与姐妹们一道解决面对的问题，家政工合作社就是一种新的尝试。2008年，打工妹之家开始酝酿筹办合作社，希望通过合作社让家政工在经济上充分享受自己劳动的价值和体面劳动，更自由地发挥潜能，为其长期稳定地在北京发展提供一个良好平台。打工妹之家陆续组织姐妹们学习什么是合作社、如何建立合作社，讨论合作社章程。

2009年10月28日，经过打工妹之家与互助小组家政工姐妹的共同努力，乐施会提供前期启动资金，北京农家女家政工合作社正式挂牌了。家政工代表唐琴在仪式上表达心声：“以前我们在家政公司里被别人挑来挑去，像挑‘牲口’一样，很不公平，我们希望得到社会和雇主的尊重，但同时我们也必须得学习，提高自身的素质，这样，我们的服务才能赢得尊重。”家政工们用宣誓的方式说出了合作社的服务宗旨“诚实守信、服务至上、善解人意、服务周到”，纷纷表示以后将用一流的服务、一流的诚信打造农家女家政工的品牌，提供优质的服务让雇主们满意。家政工们还高兴地唱起了歌曲《隐形的翅膀》：“每个人都有一双隐形的翅膀，让梦恒久比天长……”家政工合作社就是家政工们的梦想，她们相信：在全体社员的共同努力下，姐妹们手拉手，互助合作，一定会把合作社越办越好。

林虹，2008年5月加入乐施会至今，任职城市生计项目官员。

第五章　西部教育

天平，为谁而倾斜

百里求学路

杨　兰

西部地区地广人稀，有一师一校点约 9 万个，占全国校点的 80% 以上。在一些高山、高原、高寒地区及牧区、半农半牧区和荒漠地区，80% 左右的初中生、50% 左右的小学生需要寄宿。制约西部农村地区普及义务教育的“瓶颈”问题是学龄儿童少年“进不来，留不住”的问题。《国家西部地区“两基”攻坚计划（2004~2007 年）》的一项重大举措是实施西部地区“农村寄宿制学校建设工程”，以解决西部未实现“两基”地区新增 130 万初中学生和 20 万小学生最基本的学习、生活条件问题。这一政策和集中资源办学的政策结合起来，在西部形成了大规模撤并校点的态势。

2006年4月，我与中国科学探险协会青少年科学考察工作委员会委员、《中国少年报》报社“走进西部教育——中国摄影家西部教育科学考察活动”摄制组的杜老师前往陕西省岚皋县，了解撤并校点背景下学校和社区的故事，以便选择拍摄的切入点。

庭丽的上学路。

岚皋位于秦巴山区，校点的撤并力度非常大。1999年岚皋有小学213所，中学10所，到了2005年分别撤并为71所和8所，小学撤并了2/3，计划2010年达到小学52所、中学6所的目标。

随行的教育局官员告诉我们撤并的原则是：布局调整以服务社区的人数为基准，以乡镇为中心，比如高中 10 万人一所，初中 2 万人一所，小学 500 人一所。学生 10 人以下的校点、质量低的、代课性质的、投入资源划不来的（学校规模小）、家长不满意的校点都在撤并范畴，撤并时考虑群众的意见，但不考虑学生上学路途的远近。近几年岚皋人口出生率 6.3%，人口呈负增长，生源减少，也是撤并的重要依据。

于是，漳河乡方圆136平方公里的土地上只剩下两所小学。漳河小学是保留下来的乡中心完小，是国家重点投资的寄宿制学校。

在漳河小学，我们发现了一个百里求学的孩子，她叫李庭丽，家住葵花村五组，上学单程得走 25 公里的路程，一周就得往返 100 里地，路途中她必须在亲戚或同学家住一夜才能回家或回学校。

我们跟着李庭丽回了一趟家。正是春夏之季，大雨滂沱、河水猛涨，塌方时常阻断交通，给李庭丽的求学路增加了不少的难度。而2003年前李庭丽就读于本村的葵花小学，四年级开始了她每周50公里的求学路，3年走了6 000公里。

由于新生入学人数逐年减少，乡政府计划将东坪小学逐步合并到漳河，村民、老师和教育主管部门产生了矛盾，感觉撤与不撤是一个两难的选择。当我们随着东坪小学学前班 8 岁的刘良行前往他那 10 公里之外的家时，我们的天平倾斜了。

良行的家住在双向村一个叫罗家场子的地方，高高的坡上，两间土坯房只盖了一半，另一半露着天。光线暗淡的屋里，良行的母亲庞右银一动不动地待在火炉旁，轻声地和我们打着招呼。良行解释说妈妈因小时候不小心摔断双腿，现在不能走路，父亲在附近的煤窑打工，也不常回家。年收入三四千元，月支出300元左右，供着一家三口的生活。

家里破旧阴暗的两间房困住了母亲的身体，不足30平方米的院子是母亲活动的天地。爸爸不在家的时候，良行得帮妈妈挑水、拾柴、喂鸡、扫地。

上学了，妈妈坚持要送儿子。山外的人健全的人自由的人能够想象得到这位残疾妈妈是怎样送儿子的吗?

妈妈以一张小小的板凳作为代步的工具，双手拄着板凳一寸一寸地往前挪！从家里到村口不足 20 米的路，妈妈却歇了两次，“走”了足足 5 分钟！然而，就是妈妈孱弱的身体支起了儿子的一片天：“好好走路，注意安全，在学校听老师的话，好好学习。”

带着妈妈的叮咛，默默无语的良行一步三回头地离开了家。

从家到学校，不知要跨过多少小桥，也不知要翻过多少座山，要走多少里路。山下曾经有所双向小学，2004年合并到东坪小学。如果不合并，良行每天都能回家帮帮妈妈。

良行走得很远了，妈妈仍然待在原处，一动不动地望着他。妈妈悲切地说：“我送不了他，只能望着他远去。”良行也是妈妈的一片天，他带走了妈妈对山外世界的向往，对生活的希望。母亲悲切而平静的目光远送着儿子的身影渐渐远去，直到消失在茫茫大山之中……

送子求学。

这样的场景我们在西部很多地方都见过。

2006年6月，乐施会支持一些有共识的教育工作者，针对集中资源办学的政策对西部山区基础教育的影响调研达4年之久后，用事实说话，向有关部门提出了建议并得到采纳。教育部出台《教育部关于实事求是地做好农村中小学布局调整工作的通知》

第十四次教育沙龙。

及《教育部办公厅关于切实解决农村边远山区交通不便地区中小学生上学远问题有关事项的通知》，要求按照“以人为本”的原则，立足本地实际情况，因地制宜，坚持寄宿制学校建设和低年级学生就近入学并举的原则，以方便和满足学生和家长的需求为出发点，合理规划，统筹安排学校的布局和建设；要切实担负起责任，为每一个孩子提供就近入学的便利；对于低学龄儿童上学道路偏远、交通不便的，要保留、改建一批小学或教学点，确保适龄儿童少年顺利完成九年义务教育。

水寨小学的老师们

杨　兰

黔东南苗族侗族自治州是世界上最大的苗族聚居地。雷公山历来被称为“苗疆腹地”。2005年1月，寒风料峭，踩着泥泞的山路，我们走进方祥的水寨。

这是一个有180户、800口人的苗寨，密密的吊脚楼旁，坐落着水寨教学点。

正是下课时分，30多个孩子在篮球场上追逐着。孩子们说，他们喜欢上学。村里在民中上学的孩子有好几十个，一般都是一起回家。有时下课晚，家距学校有几里地，在冬天要天黑才到家。孩子们想，要是山上的路宽一点多好，要是天天有月亮照该多好。

教学点的宋老师和李老师告诉我们，水寨有50多个学生就读方祥民校，2004年8月在集中资源的布局调整和两基攻坚中搬到新的校址，水寨的学生原来只需要走3里地，现在要走3公里，只剩一、二年级在水寨读。

教学点是1974年时村民们一家筹5块木板修建的，条件简陋，只是一个小小的民房。从那时起直到1997年，宋老师一个人支撑一个学校20年。每年有20~30个学生，那时好热闹，好方便。

宋老师在土地承包那一年（1981年）曾经想打退堂鼓回家种地，学校只有20~39元的工资，曾经来过的3个老师都逃了。他一个人担负全校的教学任务，是所有年级的班主任，是所有科目的授课老师。一到六年级的复式教学，有时还真忙不过来。但宋老师担心没有人干了，学生可惜，就这样留下来，一干就是30年，如今62岁的他还在岗位上。

令宋老师感到欣慰的是，水寨的女孩子有“滋根”的资助，现在已经形成女童读书的习惯。

谈话间李老师已经做好晚饭。席间，妇女们亮开歌喉，一首首苗家的酒歌即兴唱出，曲调温婉动听，透着淡淡的悲伤和忧愁，仿佛述说幽幽的往事和经年的辛酸，但其间又隐隐透着内心深处的期望。

后来，妇女们说出她们的担忧：学校撤并了，民校从原来的地方搬走，水寨的娃娃上学远了，年龄小不放心；夏天毒蛇特别多，娃娃们上学很不安全，只好放在家里，等大一点才送他们去读三年级，希望水寨的学校大一点，娃娃们可以在这读到三四年级。

夜里，李主席等人被安排在村民家住宿，他们打着手电筒走了。我则住在李老师家，这是村里条件最好的人家了。李老师的爱人把我让进卧室：“今天我们三个就睡这里了，条件差，没有别的床了。”卧室里放着一张双人床，陈旧的床单，单薄的被子，李老师两岁的孩子正在熟睡。

三个人挤在一起，李老师的爱人尽量靠着自己的孩子，我也尽量蜷曲着身子。刚睡下不久，孩子哭了，李老师的爱人说不小心压着孩子了。

我一看这情形，执意睡在地板上。半夜，我感觉双脚冰凉，身上也不由自主地发冷，只好坐起来，穿好衣服，裹着被子，睁着眼一直到天亮。

好不容易听见李老师在外面一间屋生火的声音，我赶紧跟了进去，坐在炭火前，烤着自己冻僵了的膝盖。

杨兰，2000年7月加入乐施会至今，历任农村生计发展项目干事、教育项目干事、教育卫生项目统筹，教育团队高级项目官员等职务。

一碗方便面

赵永柱

每次下乡，总要带些碗装方便面，一来可以充饥，二来方便省事，一壶开水就能解决问题。

记得有一次到贵州晴隆一个叫江兴的布依村寨进行参与式的需求评估调查，召集很多妇女做群体访谈，一些妇女将家里没人照顾的小孩也带到访谈现场。妇女们的热情很高，你一言我一语，不知不觉，等到访谈结束时早过了吃午饭的时间。我们赶紧请附近的老乡帮忙烧一壶开水，打开包装袋时，发现少了一碗方便面。

我们表示不用声张，更不需要追究，村长却义正词严地说："不行，这是一个原则问题，关系到江兴的形象和声誉，一定要弄个水落石出。"还未等我们再次发言，村长已走到会场中央，大声吆喝："是谁拿了他们的方便面，请马上交出来，我们江兴人绝对不能做这种丢脸卖皮的事。"村长的话引发了现场不小的骚动，先是窃窃私语，继而面面相觑，但始终没人回应村长的问话。见此情形，村长环视了一下四周，发现一个四五岁的光脚蓬头的小女孩小脸涨得通红，蜷缩着瘦小的身体藏在妈妈身后，走过去问道:"小姑娘，方便面是你拿的吗？"小女孩的头摇得像拨浪鼓。"如果你拿了方便面不承认，就是一个不诚实的孩子，以后老师就不让你上学了。"听到村长后面的话，小女孩的脸更红了，双手紧紧拽着妈妈不放，口中语无伦次道："不，我要上学，我没、没偷，我只是想要盒子，面条在那位阿姨的皮包里。"边说边用手指了指我们的一位女同事，女同事打开包一看，果然面饼、料包、菜包全在里面。

"那盒子呢？盒子在哪？你要盒子干吗？"妈妈一连串的发问让小女孩怯生生地回答道："我藏在水沟旁了。"妈妈疯了一样地甩掉小女孩，冲到水沟旁找出那只已被水浸得半软的方便面盒子。现场一片哗然，众目睽睽之下，妈妈羞愤交加，情绪失控，只听"啪"的一声，小女孩的脸上立即出现了五道血红的手印。小女孩眼中噙着泪花，委屈地说道："不是我想要，我是拿给哥哥当饭盒。"听到这里，妈妈早已泣不成声，村长也双眼湿润，而我们却还是一脸茫然。

事后从村长处得知，江兴没有学校，村里的适龄儿童都要到 9 公里外的菜仔小学读书，因为路途遥远，中午来不及回家吃饭，只能从家里自带午饭。因为贫穷，买不起饭盒，孩子们多是用塑料袋子装一包盐水泡玉米饭。因为害怕同学耻笑，不敢带进学校，偷偷地藏在学校附近，放学以后再取出充饥。听完村长的介绍，我们产生了一探究竟的想法。

第二天，我们如约来到菜仔小学，村长早已在那里等候。下课铃声一响，孩子们箭一般地飞出教室，打开书包，取出饭盒，三三两两聚集在一起开始欢快地吃他们从家里带来的食物。我们无暇观察太多，就跟着村长不声不响地尾随一群学生来到学校旁边的一个小树林里。孩子们左顾右盼了一会儿，确认没人，迅速从草丛中、树洞里取出一包包盐水玉米饭，三口并成两口咽下，时不时地还回头张望一下，生怕被人看到。

后来，我们集资为江兴的学生购买了饭盒。再后来，乐施会援助修建江兴小学，村里的孩子不用再翻山越岭到 9 公里外的地方上学，自然也就不用再自带午饭了。

可是，类似江兴这样的情况在很多贫困社区还普遍存在，我们依然任重而道远。

赵永柱，乐施会贵阳办公室经理。1997年7月毕业于贵州大学农学院园艺专业，农学学士。1997年9月~2004年9月任乐施会晴隆项目办经理助理，2004年10月加入乐施会，任中国部环境与灾害项目助理干事，2005年10月~2009年10月，任环境与灾害项目干事。2009年11月至今任贵阳办经理。

兄妹上学记

杨　兰

在贵州省黔东南苗族侗族自治州雷山县桃江乡大山深处的南脑河边，有一个宁静的苗寨，叫南脑村。

村寨边有一户苗家，平常冷冷清清，只有周末才有两个孩子回来。他们是兄妹俩，哥哥叫王开富，14岁，妹妹叫王秀英，10岁，他们是掌雷小学六年级、三年级的学生。

雷山有15万人口，20世纪80年代至今，雷山外出务工的农民有4万，留下了3万名留守儿童，南脑村14岁的王开富、10岁的王秀英兄妹俩就是他们中的一分子。

2004年，他们的父母到浙江打工，留下兄妹二人独自在家。他们的生活全靠自己料理，爷爷奶奶住得比较远，只有在兄妹俩的父母寄钱回来时才到家里来看望他们。

妹妹秀英不爱说话，总是在哥哥的安排下做着事情。她很勤快，干着农村女

兄妹俩的生活完全靠自己料理。

孩子所干的一切家务活，做饭、洗衣、打扫卫生，哥哥则干着农村男孩子所干的活——挑柴火，每周兄妹俩和同行的小伙伴们挑着柴火行李，行走将近3小时回到学校。

放下担子，哥哥即加入了同学们打篮球和下象棋的队伍，妹妹则淘米做饭洗菜做菜，然后叫球场上的哥哥一起吃饭。秀英每天早中晚都会准时出现在哥哥的宿舍门前，做着同样的事情，周而复始，占据她课余的大部分时间。

2005年3月我们初次见到秀英，她常常嘴角含笑，眼神清纯明亮，衣衫干干净净，头发整整齐齐，在同伴中显得很突出。半年后见到秀英，她变得更沉默了，也许是生病的原因，衣着没那么整洁了，眼神也有了些许的忧郁。

秀英很喜欢读书，还愿意帮助别人。她在作文《我的愿望》中写道：

“我爱学习，我的愿望是好好学习，当一个好学生。当看到同学遇到困难的时候我就去帮助。”

总是有哥哥陪伴的秀英说，她希望妈妈春节能回家，即使哥哥小学毕业了，她一个人仍然继续升四年级、五年级、六年级。她还有小伙伴王开燕、王海英一起上学。王开英的爸爸妈妈也外出打工，只有她一个人在家。

汹涌的打工潮席卷西部贫困农村。人去村空，留下 2 200 万的留守儿童。中国农业大学人文与发展学院“中国中西部农村地区劳动力外出务工对留守儿童的影响研究”课题组调查表明，有 88.2% 的留守儿童只能通过打电话与父母联系，其中 53.5% 的人通话时间在 3 分钟以内，并且 64.8% 的留守儿童是一周以上或者更长的时间才能与外出的父母联系一次，有 8.7% 的儿童甚至与父母就没有联系，有 24.2% 的留守儿童与照顾他们的成人很少或从不聊天，他们大多数是隔代监护、单亲监护、亲戚监护、同辈监护和自我监护。

2006年春节，秀英的父母回到家中。秀英踢着妈妈带回来的彩色毽子，欢笑又回到她那双清澈的眸子里。然而，这样的日子并没有过多久，春节后，父母又踏上了漫长的打工之路。

西部教师——灿烂而美丽

乡村复式班教师刘霞

冯瑞安

2007年3月12日上午，我们随兰州大学的孙老师来到甘肃华亭县马峡镇苍沟小学，认识了刘霞。小小的教室里坐着她的7名学生，学前班和一年级共4人，坐在一个由两个课桌拼在一起的方桌的两边，由于个子矮小，桌面已到他们的脖子；三四年级共3人，坐在另一个方桌上。刘霞是这个复式班的老师。

在简单介绍后，穿着红色外套的刘老师开始上课，我们坐在教室边上。首先，刘老师用画有鸡鸭等动物的纸块，通过游戏，教低年级一组学生认字、组字。接着，她让三四年级学生通过教具把学过的两首古诗背诵出来，并讨论诗文的意义。她交替地指导两组学生学习，用不同的教具，把不同级别的教材融合在一起，通过师生互动、游戏的方式，让学生愉快地学习。在课堂的后半部分，她把数学概念融入语文教学，低年级学生学习方位的观念，高年级学生则计算两首古诗的字数。看着刘老师熟练地穿梭于学生间，我们惊叹着。

生动的课堂。

刘老师展示着新式的复式教学方法。一直以来，复式教学被认为是落后的教学方法。传统“一动一静”的教法，一般是先教一个班级，让另一个班级做作业或复习，然后轮换过来，强调两个班级不要互相干扰，教学效果往往差强人意。2001年国家开始推行新课程改革，教学方法上要求更多的师生互动、强调学生间的合作学习、探求式学习。新式复式教学法

认真。

尝试打破及融合不同班级、不同科目的课程，“同动同静”，让不同班级的学生一起学习，达到不同的教学目标，这正符合新课改的要求。刘老师在参加了兰大一个新式复式教学研究的培训后才改善了教学方法。

虽然近年来为了集中资源办学，不少教学点被撤并，复式教学点有所减少，但在最边远的地区，为了保证学生就近入学，一些复式点还必须保留。实际上，复式教学不一定是落后的，不少发达国家中也有复式班，国外不少家长还专门送孩子到“混龄”班，认为可以促进不同年龄孩子之间的互动成长。

刘霞已经当了22年乡村教师。1985年，18岁的她正忙于准备高考。当时村里学校的老师调走了，外面没有人愿意来执教，学校面临停办。她毅然放弃高考，留在村里加入当时民办老师的大军。此间刘霞的工资涨了4次，从1985年的27.5元到现在的220元，其中每月77.5元的工资她拿了十多年。她自学考取大专文凭，教学效果广获承认，个人曾获得“中国教育学会复式教学专业委员会”优秀教师荣誉，教学论文《化作春泥更护花》获得“农村复式班教育教学国际研讨会”一等奖等，但由于种种原因，到目前没有办法转为正式教师，工资只有公办老师的1/5~1/4。刘老师于1995年结婚，由于不愿意离开教学岗位，跟随丈夫到外地打工，夫妻长期分居两地，最后于2003年离婚，留下刚满7岁的孩子。

在刘老师教室墙上的学习园地，一名学生写着“努力学习，知识改变命运”。为了家乡孩子的教育，刘霞付出了20多年的青春。但愿刘霞和无数像她一样在边远贫困山区任教的乡村教师，以及他们所教育过的孩子，都能够因为知识而改变命运。

作者（前左一）和孩子们在一起。

冯瑞安，香港出生。社会学本科毕业后1992年开始从事发展工作，于广西南丹县蹲点4年，在白裤瑶族地区开展农村综合扶贫项目。后到英国留学学习发展研究，回香港后加入香港特区政府，在政制事务局负责立法会选举工作。2001年加入乐施会做研究干事，2005年12月转为负责教育项目，曾任乐施会中国部教育及卫生项目经理，直至2009年离开。

小侯老师

杨　兰

2005年1月上旬，我在雷山县政协李主席等人的陪同下，走访了4个乡镇的7所村小，选择符合乐施会援建条件的学校。在听取了政协教育局相关人员的介绍后，我们第二天驱车4小时、步行2个多小时到了达地水族乡的背略小学。

在那里，我们遇见了2001年从黔东南民族管理学校毕业后就职于背略小学的侯老师，身材娇小的侯老师给我们讲述了她在背略小学的故事。

那是夏季的一个上午。陈旧的木质教学楼，几根乌黑的木柱支撑着倾斜的房屋。

透过钉着木板的空洞的窗户，侯老师一边给学生上课，一边不时地抬头看看天花板。一缕阳光从天花板青瓦的缝隙和缺口中透进教室，光影中飞扬着细细的尘埃。风呼呼地吹着，一块瓦片掉到了侯老师的脚边。侯老师放下手中的粉笔，赶快将孩子们领到教室外的走廊上。风刮得更紧，掀起了孩子们单薄的衣裳，豆大的雨点噼里啪啦下起来，孩子们喊着叫着又涌进教室。侯老师又拾起了粉笔，在黑板上书写。窗外是沥沥的雨声。突然，教室一片惊慌。教室的一边开始漏雨，孩子们纷纷挤到一起。一个孩子手中拿着被淋湿的课本，抹开了眼泪。侯老师走过来，把他搂进怀里，自己也掉下了眼泪。

入夜，侯老师漆黑的小屋里伸手不见五指，一阵滴滴答答的声音把侯老师从梦中惊醒，忽然感觉被子很沉重，伸手一摸，湿漉漉的一片，冰凉冰凉的，侯老师不禁打了个冷战，赶紧穿好衣服，躲在门的角落，雨水依然滴滴答答地掉在被子上。

风呜呜地吹着，窗外的木片噼啪地响着，仿佛有鬼神经过，侯老师害怕了，连忙拉开门，跑到走廊上，大声喊着住在楼下的李老师夫妇，“房子要垮了，房子要垮了”。

雨点打在侯老师的身上，她跑回屋里，头上顶着一个脸盆，惊慌失措地跑到楼下李老师家，使劲拍打着李老师的门，冲进屋里，不禁大哭……

第二天，雨过天晴，侯老师将湿透的被子、床单拿到栏杆上晾晒，走进办公

小侯老师和她的学生们。

室，拨通了父母的电话，“妈妈，我好害怕，我一放假就回家……”

那天，侯老师病了，烧得很厉害，第一次没有到教室上课。在寝室躺了一天后，侯老师拿着课本来到走廊上。

走廊外面，学生一拨一拨地从村口走来。雨仍然下着，孩子们没有打伞，没有穿袜子，破旧的鞋子露着一双光脚趾头，头上湿漉漉的，身体瑟瑟发抖，小手护着书包，侯老师不禁心软了，喃喃地说道：“我不能逃避，虽然我改变不了现实，但我不能够逃避，哪个人来了都是一样，哪个人都是这样过的，我走了，孩子们太可怜了，没人教了怎么办？”

2006年3月，背略小学的新校舍竣工仪式上，我再次看见了小侯老师，她身着苗族服饰，和孩子们一起，笑得灿烂而美丽。

优秀教师来到苗家寨

赵永柱

由185户黎、苗少数民族组成的青龙村，不仅缺水、没电、不通公路，也没有出现过一个初中生，无一人在外工作，该村适龄儿童需到7公里外的地方上学，因距学校远、家庭经济困难失学辍学的适龄儿童达140余名。

深深地感到缺乏教育是青龙落后的原因，一位村民腾出自家堂屋，办起一个临时教学点，他一人身兼数职，义务教学，但因基础设施落后及缺乏师资等原因无法持续，因此，当乐施会将青龙列为综合扶贫发展项目点时，村民首先就提出建教学点的需求。为此，乐施会官员和项目办协助村民，讨论设计项目建议书，项目设计修建1~3年级教学点，教育局配备两个教师，社区落实包括校办茶园、短期无息贷款、基金积累无偿援助等助学措施，以保证贫困儿童的正常入学，使社区适龄儿童入学率达99%。

青龙农户认为教师的水平和责任心是教学质量的保证，工程在建期间，就开始主动出击，积极物色能扎根偏远农村、热爱基层教育事业、教学水平高、德才兼备的教师资源，制定出台了划拨菜园、荒山烤烟地、基金积累奖励等优惠政策。

首先落入农户眼帘的是坡荣完小的左军武，社区管委会成员初次登门拜访，听完来意，左军武根本就不以为然，婉言谢绝。农户并未就此放弃，仍然千方百计、不厌其烦地进行接触，通过现身说法和个人经历向其倾诉教育落后带给社区的困难，表达发展教育事业的信心和决心。

功夫不负有心人，农户的坚韧和执著，最终说服了左军武到教学点考察。乍进村寨，他立即被眼前的一幕惊呆：村民身着节日盛装夹道欢迎，陈年老酒开封，鲜嫩的现磨豆腐端上来。苗家的姑娘们高唱祝酒歌，小伙子跳起芦笙舞，农户轮流献上牛角酒，尽情抒发着内心的喜悦和对客人的崇敬。

考察结束，村民手牵着手，眼里噙着泪水，齐声高呼“左老师、留下来，左老师、留下来”。此情此景，任你是铁石心肠也会为之所动，更何况是一个有血有肉、有情有义的普通人，左军武被村民的真诚、热情和社区求贤若渴的精神深深打动了，决定留下，随即向沙子镇教育辅导站递交了调动申请。

当时左军武已任坡荣小学教导主任，每年所带的毕业班升学考试成绩均名列全镇前茅，镇教育站认为左军武调到教学点，无疑是大材小用、浪费资源，因此百般推诿、拒绝，并私下同社区交涉，希望调配两名优秀教师替代左军武，没获取同意。农户径直到县教育局反映，教育局以同样理由回绝，同时作出调左军武到沙子中心小学任教的决定，但左军武执意不从，社区亦坚持非左军武不要。

项目办从中调合，教育局见左军武去意已决，不得已只能作出让步，同意左军武的调动申请，前提是他必须带完本届毕业班，且升学成绩不能低于往年。

2002年7月，左军武顺利完成任务，正式调到了青龙教学点，同期调进的还有光明小学的刘醉、花贡小学的李朝，教师资源从项目设计的2人增加至3人，优秀教师终于来到苗家寨，青龙人的愿望终于实现了。

两年后，进入青龙教学点读书的1~4年级的孩子已达120名，他们历年考试成绩均在全镇名列前茅。

从天而降的掌雷小学

索道飞砖

杨　兰

金灿灿的稻田里一片忙碌景象，然而贵州雷山县掌雷村龙兴祥村长家的田里还没有人来收割，他正带着几个村民忙碌在建索道的工地上。

2005 年 3 月我们第一次到掌雷村时，龙兴祥帮我们挑行李。那时他还不是村长，还在广东、福建等地的建筑行业从事爆破工作，月薪 3 000 多元。他得的票数最多，但还是拒绝了回村当村长。

听说乐施会来掌雷建学校，龙兴祥非常高兴。他说他就是吃了没有文化的亏，在外虽然挣钱比家里多，但是很受气。乐施会拿出 60 多万元来给掌雷建学校，是从来没有的事情。掌雷村 1 000 多人，摊到每个人头上也是 600 多元，这个数字不小了，还到外面打什么工呢？龙兴祥留了下来。

然而二次运输和索道的事情一再受阻，政协担心将近2公里跨度的索道用土办法行不通，谋求修公路的事也因故搁浅。眼看工程投标已经2个月了，索道的事情还落实不下来。2005年7月底，龙兴祥急了，在各方为难的关头，他出任村长，并

索道工程指挥部的成员同时也是运输队的民工。

与龙金国、龙志奇等5人组成索道建设指挥小组。

2 000米跨度的索道。

掌雷村的山势陡峭，没有路，架设的索道从这个山头到那个山头上上下下几百米，甚至上千米，人工从山顶拉到谷底，再由谷底拉到山顶。龙村长带着30多个村民，披荆斩棘，用柴刀砍出一条路，再从这条路牵引长长的索道前行。

索道的建设是艰难的，除了3个土工程师，其他的人都从没有做过。从8月23日开工到10月9日试运行，将近2个月的时间，大家一直提心吊胆的。

山村的夜非常寂静，只有昏暗的灯光微微闪烁。索道指挥部的村民们给我和同事唐康讲述了一段惊险的故事。

掌雷对面有一座天葬台，这是附近村寨埋葬非正常死亡者的地方。苗人认为，正常死亡者的灵魂，可以回到老家并且保佑生者，而非正常死亡者则灵魂不安宁，会做祟于生者。因此，天葬台是人们不敢去的地方。然而，索道的第三个基座必须安在天葬台上。

那天，5个掌雷村的索道指挥部人员聚到天葬台，老鹰在头顶上盘旋，脚下是森森的白骨，眼前是深不见底的河谷。

龙金国开口："谁下去？"龙志奇说："我和龙兴祥都在外面工地上打过工，知道怎样用安全带，只有我和龙兴祥最合适。我去吧。"龙兴祥打断了龙志奇的话："还是我去吧，如果我去了10分钟没有回来，那你再下去。"

大家帮龙兴祥系好安全带，战战兢兢地把他放下去。在场的每一个人心都在狂跳，紧张得全身发抖。安全带一寸一寸地放下去，龙兴祥的双脚摸索着找准支点，一步步挪下去，抽出腰间的柴刀，砍掉崖上的荆棘，砍出一条供索道下滑的通道。

2005年10月9日，索道的主线架设完成，开始试运行。政协李主席以及索道工程指挥部的所有成员都到了现场，郑重其事地为第一箱材料系上红绸，耗时50分钟、耗电6度，将第一箱300多公斤的砖顺利运送到掌肖——第4基座。就这样，历时14个月，索道把162 140块砖、119吨钢材、184吨水泥安安全全地运到掌雷村。

2006年10月，经过乐施会和伙伴团体的努力，掌雷小学主体工程竣工。村民龙略西看着仍然忙碌的索道，感慨地说：掌雷小学真的是从天上掉下来的一栋"天楼”，没有索道，新学校建不成，我们自己买的瓦得走3小时山路背进来。

在建设掌雷小学的同时，乐施会支持的一部反映西部山区基础教育现状变化的纪录片也在这儿拍摄。摄影小组的杜玉奇老师协助掌雷小学的支教志愿者任丽萍成立了竖笛和摄影小组，教孩子们学习用自己的镜头反映学校的生活，用竖笛表达山里孩子的愿望。

竣工仪式上，校长李涛激动地从箱子中取出了掌雷有史以来的第一块砖，讲述了这一块砖给掌雷小学带来的变化，除了新房子，更重要的是书籍和新的观念与信息。

而宽敞的宿舍里，四年级的王秀英坐在崭新的床上，享受着安静的读书时光。

从前满校园生火做饭的场景也被山野中追逐着照相的摄影小组的身影、被晨曦中悠远的竖笛声所代替。

掌雷小学

黄 静

走了两个多小时的山路，趟过一条小河，一行人气喘吁吁地再翻过一座山，在不远的地方，一座安静的小村落就呈现在眼前。一色的木房黑瓦，在翠绿的山间错落有致地展开，虽然有些破旧，却也呈现出古朴的风貌。这就是我们的目的地——雷山县掌雷小学所在地，也是我来乐施会工作后第一次去的项目点。

走过一段小路，来到村前的一棵大树前，突然听到悦耳的芦笙和歌声，定睛一看，才发现是村民站在村前欢迎我们的到来。今天是当地的掌雷小学新校舍建成的日子，是当地的大事。几个中年男人排着横队吹着芦笙，旁边是唱着歌的妇女，前面是年轻的苗族少女满身银饰、手持牛角酒杯为客人接风。

走过欢迎的人群，我们径直来到学校的所在地。以前的校舍是由木屋建成，两层高，新的校舍就在木屋前面不远处，正对着山坳，可以一览众山。这里交通不便，建新校舍的材料是用人挑马驮，以及架在两座山峰之间长约 1 700 米的钢索运送过来的。同来的《中国少年报》记者将这座新校舍的建设形象地比喻为雷山的三峡工程，建造难度可想而知。

下午是学校成立典礼，在学校前的平地和周围的梯田里老早就站满了当地的百姓，脸上都带着淳朴的笑容。成立典礼开始，学校校长穿着青色的民族服装走上讲台，

秀英的新寝室。

手里拿着用红布包裹着的一块长方形的物体，高举过头顶，用发颤的嗓音问坐在下面的学校学生："同学们，你们知道我手里拿着的是什么东西吗？"稍许，又激动地放声说："是砖，是千里之外的香港同胞送给我们的砖，是用来修筑这新校舍的砖，是帮助我们建设我们学校的砖。"在群山的环抱中，校长的声音更显旷达，在山间回荡了很久，也在我的心间激荡不息。

周围几个寨子的小孩，就是依靠这所小学接受最初的教育。附近山寨小孩子们每周会用木棒挑着一周的食物和柴火，走上几小时的山路，来到学校进行一周的学习，柔弱的肩膀抗着沉甸甸的担子在山间行走。在学校里，很小的孩子就需要自己切菜煮饭。连绵的群山，挡不住苗家人对儿女教育的热情和对知识的渴求。

面对他们，我们也止不住感叹：我们缺乏他们的勇气和热情，甚至也缺少对生活的渴望，我们能做的是如此之少，也做得远远不够。等待我们的，就如那莽莽的群山，我们还需要不停息地去翻越。

黄静，1972年生，2006年9月加入乐施会至今，任职行政及财务副经理，驻昆明。加入乐施会之前均在商业企业里工作。刚进入乐施会时，感觉如同进入了一个不同的世界。现在，慢慢熟悉了乐施会的工作理念和工作方法，希望能在此做更多有益的事。

在中国推动青年关注贫穷

罗玉兰

本土化的教育理念

记得2003年，我在广州、上海、北京等城市与教育工作者谈起关注公民社会领域的教育内容，提出“发展教育”的概念，很多教育工作者是第一次接触“发展教育”这个概念，对于它的含义和相关知识，还摸不着头脑。一名大学教授以为是发展中国的基础教育，随即找来一大堆有关基础教育的研究数据与我分享。

1975年联合国给“发展教育”所下的定义是“关注发达国家及发展中国家的人权、尊严、自主及社会公益等工作；鼓励思想交流及汇集，并继而行动起来推动社会改变，塑造一个较合理和公正的社会和经济秩序”。20世纪八九十年代，这个概念在欧洲普及起来。

“发展教育”的核心知识对很多人来说是重要的。承认文化的多元性，人类是互相依存的，应该彼此尊重，互相包容；具有敏锐的判断力；了解他人、了解世界，才能看到世界存在的发展不公正、不平衡……看到今天世界资源的浪费、短缺和生态环境的恶化，从中看到自身的义务和责任。不少中国教育工作者和非政府组织工作人员了解这些知识后，觉得中国很需要这样的教育，并提出本土化的想法。

中国本土的发展，很容易引起青年人的关注和使命感。中国过去10年，东部沿海地区经济发达，人民消费力强。西部农村经济发展缓慢，缺乏社会和医疗保障，非常贫困。中国存在严重的城乡差别、地区差别。东西部地区的差别俨如发达国家与发展中国家的差别，发展非常不平衡，存在严重的贫富差距。中国沿海发达地区的人民，他们日常所需的，例如米、糖、衣服和鞋等，大部分均由发展中地区生产。因此，上海、北京、广州等地区人们的日常生活习惯及消费行为，每天影响着贵州、陕西、四川等发展中地区人们的经济收入和生计。虽然两地地域相距甚远，但这些地区的人民有着千丝万缕的关系，互相依存。发展教育在中国的本土化应该充分考

青年沙龙。

虑到东西部的经济差距。

中国本土随着经济发展出现了一系列新的社会问题，如农民工的收入保障和工伤医疗、艾滋病的传播、生态环境的恶化等。资源分配不均、社会不公平是造成这些问题的重要原因。进行发展教育应促进青年人立足本土，开阔视野；建立尊重他人、公正待人的价值观；在日常生活中贯彻这些理念，如实行公义消费、节省能源、参与志愿活动等；增强社会责任感，关注社会问题，例如劳工剥削、环境保护、弱势群体关怀等。

有效的教育手法

在公众教育工作中，传递理念固然重要，教育手法也担当着重要的角色。在推动青年人关注贫穷的路途上，不少非政府组织人员尝试寻找提供深刻体验、强调互动参与、启发他人敏锐思考的教育手法。下面列举三种教育手法，其中有很多值得我们深思的地方。

一些非政府教育组织，希望让生活富足的孩子了解贫困人士的生活处境。他们与学校合作，组织中小学生到偏远的农村及城市边缘弱势社群聚居的地方进行采访。通过访问居民，了解他们的具体生活情况，从一滴水看世界。这种手法无疑让学生有了一种亲身的体验，开阔他们的视野。与此同时，有不少学生以资源拥有者的身份，用怜悯的态度对待探访的弱势社群。作为教育工作者，如何在培训中给予适当的引导是很重要的。

草根非政府组织，以沙龙形式讨论社会热点和发展议题。他们邀请一些受环境灾害、艾滋病及工伤影响的弱势社群成员或组织者，与青年人对谈。在讨论中，主持人让嘉宾分享个人的经历和看法，提出许多具有反省意义的问题，引发参加者思考各种社会现象的结构性原因和影响。这种手法能让青年人深入地思考社会问题，但在题材和嘉宾的选取上必须下一番工夫，否则一次性的分享较难达到深层教育的效果。

签名保护怒江。

部分民间组织在接触过戏剧手法后，把社会现象编成故事，将问题的多面性和复杂性，以戏剧的形式呈现在参加者面前，有时甚至邀请参加者加入演出，具有很强的视觉冲击力。例如论坛剧场，除了让参加者体会被压迫者的困境外，参加者有权在某些场面喊停，然后取代原有被压迫者的角色，尝试改变结局。这个过程可以让参加者深入体会社会上不同人物的处境、态度和关系。戏剧后的解说和讨论可以进一步协助参加者确立正确的价值观念，是一种有趣和有效的教育手法。但要掌握戏剧形式和技巧并不容易，若要结合发展议题与戏剧手法，更是一项挑战。

民工戏剧工作坊。

以上只是个人对教育理念和教育手法一些肤浅的观察和体会。作为国家的公民、世界的一分子，我们的态度和行为，影响着社会发展的道路。希望每个人都能尽其义务和责任，努力建立一个公平公正的社会，建设一个可持续发展的世界。

罗玉兰，乐施会香港部发展教育团队经理，2002~2005年，曾参与在中国内地的项目，推动公众关注社会贫穷问题。

一切从改变开始

周　娅

一开始确定要去参加乐施会在北京举办的“社会性别与发展”能力建设培训时，心里打着其他的如意算盘，一如当年一不小心踏进灯塔计划（农村义教团体，简称“灯塔”）。进灯塔是以为可以下乡旅游，边教书边玩个痛快；参加社会性别培训则因为惦记着北京的死党、民大的饭，以为好歹找了个正当的理由前去叙旧，故地重游一番。

两者最终都如我所愿，只是料想不到自己却因此拣了更大的宝。在灯塔一干就是6年，灯塔的人和事，给予我太多数不尽的恩赐。乐施会的这次培训，让我有能力重新去审视自己身边的一切，从混沌再到清晰，并甘愿在接下来的这半年里投身另一个战场。

北京为期5天的培训结束后，我在美丽的夏日，第17次回到梦中大山环绕的广东肇庆市怀集县桥头镇。桥头中学的这些农村孩子，家庭大多不富裕，生活环境也相当闭塞。

半天的活动先通过游戏暖场，介绍参与式活动的规则，然后让孩子们动手，画自己最欣赏的一个男性或女性。绘画原本就是桥头孩子们的专长，这一下子把他们的积极性都调动起来。接着我们一起分析这些特定人物的可贵之处，一同去发现，

北京社会性别培训。

桥头中学社会性别工作坊。

最敬佩的男性也好，女性也好，无非都具备以下一些共同的品质：勇敢，坚强，责任心，上进，温柔，宽容，美，等等。从这个层面看，一些人之所以值得我们钦佩，并不因为他是男人或者她是女人，而在于人类所共同认可、肯定的美德。第一次试水，还算凑合。

2007年11月，灯塔计划开始成长小组系列活动，有针对性地为核心义工（包括在校义工与在职义工）提供一系列沙龙影视活动以及工作坊，旨在与义工一起从多角度探索乡村教育的现状、乡村儿童的成长环境与制约因素及其产生机制，并且共同学习和实践参与式的行动设计。

我立即提出希望奉献一整天到社会性别工作坊，通过研究社会性别，反思我们有关性别的经验与观念，使我们清醒地认识社会性别对个人以及社会发展的影响，结合发展教育的议题，落实到我们有关乡村教育的实际行动当中去。议题集中在社会性别的概念以及社会性别的社会化，并有针对性地选择家庭对社会性别的影响、学校教育（包括小学生课本分析、中小学教师案例分析）对社会性别的影响、媒体对社会性别的影响三部分内容来详细探讨社会性别社会化的过程。

灯塔计划义工所从事的是教育工作，我很希望通过工作坊能够帮助义工明确作为一个教育者应有的性别立场，并找寻行动的切入点，服务于灯塔计划所从事的农村教育工作，真正做到在行动中贯彻正确的性别意识。我们利用中午休息的时间玩了“结网”这个游戏，算是对工作坊的一个小结。从大家松开手那一瞬间的表情来看，我想他们已经收到信息。也许真的，我们每个个体很难推动这个社会发生大的改变，但只要每个人在内心深处发现并了解了社会性别的公正理念，至少我们就能避免一些偏见与不理性，特别是对我们的下一代有了更多的理解与宽容。

2007年11月25~12月6日，是国际“白丝带”活动纪念日。我在广东技术师范学院针对在校大学生又连续开展了三场社会性别工作坊，每场半天，然后再组织参加过工作坊的同学和我一同发起全校性的反性别暴力“白丝带”宣传倡导活动，参与的人数达一千多人次。

参加过活动的同学给我留下了无数的小纸条，有男孩给我写道：原来男人不一定要很坚强，也可以柔弱，甚至痛哭。我想他是有收获的吧。

一个女孩写道：原来男人也不太想独自撑起一个家，我想，女人应该多些对男人的谅解，多些对自身的期待。

周娅，女，高校教师。2001 年加入“灯塔计划”，理事会成员，6 年来 17 次参与下乡义教活动，现服务于“灯塔计划”桥头义教点。一个简简单单的人，认为做一个义工最重要的品质在于克制自己的激情，做到细水长流。

为“爱”而“声”

顾思琪

我，一名普通的高中学生，平日也就是“一心只读圣贤书”，对社会上的各种活动，可以说是知之甚少；参与的劲儿也犹如算盘上的珠子，拨一下才动一点。

一次让我成长的路程

爱的教育研究会是一个专注于教育的民间组织。今年暑假，他们和乐施会合作，组织一次赴青海的考察，一行共有30人，其中5名校领导，20名学生，我也是其中的一员。在去青海之前，我并没有太多的想法，主要是因为对于这一类的志愿者考察了解甚少，只是期盼着快些到达青海，这么一个遥远陌生的地区对我的吸引力还是很大的。

经过32个小时的火车生活，我们踏上了青海这片向往已久的土地，考察的时间是5天。在这5天里，我看到了，听到了，体会到了，感悟到了，一切犹如一幕一幕的影像在我的眼前闪过，却是那么地使我难以忘怀：坑坑洼洼的山路，依然“迂回漫长”；饱经风霜的教学楼，依然“摇摇欲坠”；满脸倦容的学生们，依然“风尘仆仆”；形同虚设的图书馆、器材室，依然“空空如也”；原本就不大的宿舍，依然“人满为患”；操场、道路，依然“凹凸不平”……然而同学们朗朗的读书声、上课时专注的眼神，却也在我的脑海中久久不去……

推开教室门的一瞬间。

青海之行改变了我。从前的我一直是一个有目标但总是无法坚持到底的人，而现在，我有了更强大的毅力。山区的孩子为了梦想而不懈地努力奋斗，我又何尝不一样，怀揣着梦想，希望有一天能到达理想的彼岸。我坚持，我拼搏。我不时以青海的孩子为我学习的榜样。

我的梦想是做一名志愿者，现在是这样，将来亦会如此坚定。青海之行给我的触动很大，庆幸我能在高一暑假这年参加这么一次考察。如果没有这次经历的话，我相信我依然是一名只会读书的学生，我会与志愿者这个伟大的工作失之交臂，或许这也会是一辈子的错过。

同学老师说我变了，亲戚朋友说我变了，母亲也说我变了……变得更积极向上，更热心，更有那份“见过世面”后特有的成熟。

未被发现的志愿“呼唤”

不仅仅是我，其实在我的身边还有很大一批学生有当志愿者的想法。平日里同学都“埋头苦读”，似乎一点儿也没有流露出做一名志愿者的愿望，事实上他们每一个人都很想有这么一次机会，走进山区，了解那里的孩子，为他们解决燃眉之急，为公益事业出一分力。

近期，我在班级中做了一个主题调查，设计六道调查问题：如果有一个走出上海去贫困山区的考察志愿者活动，你会参加吗？如果选择加入这支队伍，你此行的目的是什么？在出发前，你会准备些什么？到了山区，你会做些什么？会动员身边更多的同学一同加入这支志愿者队伍吗？希望在高中阶段组织这样的志愿者考察活动吗？

调查人数20人（8男12女），调查结果是：

青海孩子的午餐——馍馍。

（1）100％的同学愿意参加去贫困山区的考察志愿者活动。

（2）目的：了解当地的实际情况；作为一次拓宽视野的活动；为那里的孩子送去关怀与帮助；让我们知道现在的优越生活来之不易，要珍惜现在的环境；体验城乡差距；锻炼自己；想去支教。

（3）100％的同学愿意带去物资捐赠给山区的学生。

（4）走进学生的家庭，与他们进行交流、互动。进行实地拍摄，作为回上海后的反馈，作为动员的有利素材。

（5）100%的同学不假思索地回答说一定会动员更多的同学加入队伍，来扩大我们的队伍。

（6）希望高中阶段组织这样的考察活动。利用寒暑假的时间进行为期一周左右的志愿者考察，以自愿报名的方式加入，建议每年能组织一到两次。虽然高中学习非常繁忙，不过利用假期开展志愿者考察活动，还是十分有必要的，同时也可以将其作为学习的一部分。同学们的心声：组织更多的志愿者活动。

通过这个调查报告，大家都能一目了然地了解当今学生学习版块的“漏洞”——缺少大型志愿者活动。志愿者利用闲余时间，参与一些有意义的工作和活动，既可扩大自己的生活圈子，更可亲身体验社会的人和事，加深对社会的认识。与此同时，还为我们提供学习的机会。志愿者在参与志愿工作的过程中，除了可以帮助他人以外，更可培养自己的组织及领导能力，学习新知识、增强自信心及学会与人相处等。

作者（后排左一）和青海孩子们在一起。

顾思琪，上海市省吾中学高二（1）班学生，2007年作为乐施会志愿者，参加了上海城市中学生赴青海体验西部教育的活动。

第六章　妇女

草原上的格桑花

丁文广

乐施会于1999年开始资助兰州大学的合作伙伴在甘肃省甘南藏族自治州的玛曲县实施草地改良项目。在实施项目的过程中，“自下而上”的“参与性项目需求评估”方法，帮助项目评估人员很快发现藏族妇女的健康状况不容乐观。

玛曲县地处甘肃、青海和四川三省交界处，位于青藏高原的东端，海拔3 300~3 800米之间，是一个藏民族聚居的纯牧业县。全县人口约为4万，妇女近2万名，占全县总人口的45.3%。黄河自青海的巴颜喀拉山脉奔流而下，突然转向甘肃省的玛曲县，在玛曲县境内绕一个长达433公里的弯，再流入青海省。玛曲因此也被称为黄河首曲（即黄河第一湾）。

自2002年初乐施会开始资助玛曲县妇幼保健站实施针对藏族妇女的健康教育项目以来，我先后几次来到“卓格岭地”的玛曲，对藏族同胞进行访谈。

生活在欧拉乡的才让草，30多岁，古铜色的脸，额头上布满皱纹，眼角的鱼尾纹密密麻麻，双手粗大而有力。她的腰直不起来，几乎弯成90度。无情的高原气候，加上繁重的体力劳动，使才让草看起来像50多岁的老妇人。

夏季是一年中最繁忙的季节。清晨3点左右，才让草就起床，第一件事是挤奶。100多头牦牛，要花费4个多小时才能完成挤奶。接着，用牛粪生火，煮奶茶，然

荒芜的玛曲草原。

后叫醒熟睡中的丈夫。丈夫喝完奶茶，赶牦牛去放牧。她开始打酥油。100 多头牦牛产的鲜奶，要 3 个多小时才能加工成酥油。然后稍微休息，随便吃点糌粑，喝点奶茶。

接着，才让草要去拣牛粪。牛粪是藏族家庭的主要燃料。100 多头牦牛产的牛粪，要花 2 个多小时才能拣完。拣牛粪没有工具，用的是双手。她蹲在地上，将热乎乎的稀牛粪用双手堆成牛粪饼，等干了再将其捡起，堆在帐篷旁边。日积月累，牛粪饼堆积如山。如果不勤劳，没有足够的劳力投入，冬天就没有燃料。

下午5点左右，丈夫放牧回来。她又重复挤奶、加工酥油、拣牛粪、做饭等繁重的劳动。一直到晚上10点左右，她才能进入帐篷休息。这样繁重的劳动日复一日，年复一年。在寒冷的冬季，才让草全家由“夏窝子”（夏季牧场）迁移到“冬窝子”（冬季牧场）。她在夏季每天要劳动16个小时甚至近20个小时。在寒冷的冬季，也要花费10个小时左右才能完成所有的活计。

藏族男性的劳动强度比妇女要小得多。藏族男子只从事比较轻松的放牧、销售家畜等活计。在家庭中，女性是主要劳动力，但绝大部分女性没有支配经济的权利。许多妇女得了疾病，没有钱医治。如果遇到一个好丈夫，生病的妇女能够得到一些看病的钱；如果遇到了一位爱喝酒、爱赌博的丈夫，那就惨了。

玛曲县牧区所有藏族妇女的生活状况与才让草非常相似。她们承担着全部的家务劳动和绝大部分生产劳动，还要抚育子女，而恶劣的高原气候又为藏族妇女完成这些增加了异常艰巨的困难。所有这些对妇女的健康造成很大的影响。

这里的妇女不会用卫生纸、卫生巾，也不穿内裤。对孕妇而言，由于交通的限制，绝大多数妇女不做产前检查，也有一部分妇女认为生孩子是很自然的事，不需要做产前检查。只有极少数妇女孕期感觉到有异常而且比较严重时才去医院。在乐施会进行的“参与性需求评估调查”访谈中，评估组成员了解到88名有生育史的妇女中，做过产前检查的只有9名。大多数藏族妇女选择在家分娩，通过在寺院算卦或认为在家中生小孩有危险而住院分娩的只有4名。

大部分藏族妇女沿用传统的接生方法。分娩前，妇女准备一些干草，铺在帐篷里，用羊粪、打碎的牛粪或烧成灰的牛粪作为“产床”。在分娩过程中，由女邻居或家中年长妇女接生。如果没有，就自己为自己接生。断脐带多用未消过毒的刀或剪子，或用石头将脐带砸断。藏族妇女在产后，大多数只休息 3 天左右，没有汉族“坐月子”的习惯。主要也是因为她们是家庭的主要劳动力。即使在妇女哺乳孩子期间，藏族男性也不承担繁重的家务劳动。由于体力劳动繁重，产后休息时间短，加上恶劣的高原气候的影响，藏族妇女的妇科病发病率很高。在乐施会进行项目需求评估期间，

参加妇女健康教育的藏族妇女。

被调查的57名妇女中，有妇科异常症状的有50人，达87.7%，主要表现在生殖道感染、月经不调及盆腔炎等。

玛曲的藏族牧民往往居住在非常偏远的高寒丘陵地带，交通极为不便。从一个村落到另外一个村落，往往骑马要走三四个甚至五六个小时。藏族牧民居住分散，加之乡村卫生服务网点少，医疗卫生人员短缺，医疗设施落后，许多村无妇幼保健员，大部分藏族妇女无法获得健康预防和保健服务；乡级妇幼保健人员调动频繁，对现有的设备利用不充分；政府对妇幼保健工作的投入非常有限，现有的医疗设施落后、老化，卫生服务资源的可利用性低，从而使藏族妇女的健康状况长期得不到好转。

尼玛乡的藏族妇女卓玛是有2个孩子的单亲母亲。2004年初，卓玛又怀孕了。家里养了30多头牦牛，50多只绵羊。为了维持生计，卓玛每天起早贪黑，往往要劳动15个小时才能休息。

2004年隆冬的一天，卓玛突然感到身体不适，肚子连续疼了4天。她感到自己可能临产了，而且可能是难产。为了还未出生的生命，她决定到乡医院去生产。

卓玛匆匆忙忙安排好2个孩子，独自一人向乡医院步行而去。隆冬的玛曲草原，寒风刺骨，狂风怒吼，宛如饿狼在嚎叫。她每向前移动一步，都要付出很大的努力。快到中午时分，卓玛终于到了黄河边。“这么冷的天，你要到哪里去啊？”这是以摆渡为生的才让加老人的问候。她兴奋地向老人大喊：“阿爸，快送我过河，我快要生孩子了。”老人三步并作两步奔向卓玛，气喘吁吁地扶着卓玛上船。老人用力挥动船桨，迅速向河对岸划去。

船快到岸边时，不幸的事情发生了——船搁浅了。老人心急如焚，只好弃船，让卓玛等在船上，自己趟过冰冷的河水，艰难地爬上岸，跑到附近的一个牧户家里，借一匹黑色的河曲马，向乡医院急奔而去。大约一个小时，老人赶到乡医院。值班的接生员鹅见草迅速背上接生用的医疗器械和止血药、消炎药等，与另外一位保健员仁青草，共骑一匹高大的白色河曲马，紧随老人向黄河急驰而去，不到一个时辰就赶到黄河边。他们来到搁浅的船边，看到眼前的一幕，都惊呆了。卓玛已经倒在船上，甲板上流着鲜红的热血。卓玛因为大出血而离开了人世，胎儿也死在腹中。

像卓玛这样悲惨的事例，每年都在玛曲草原上发生多起。玛曲藏族妇女的健康状况引起了乐施会的关注。2002年初，乐施会聘请云南省社会科学院的社会性别专家赵群女士，与乐施会项目官员共同对玛曲县的妇女健康项目进行“参与性需求评估”。

所谓“参与性需求评估”，就是乐施会聘请相关专家，深入牧区，与藏族妇女共同探讨她们存在的健康问题以及如何解决这些问题。在整个项目评估过程中，要求藏族妇女自始至终地参与，她们参与健康问题的讨论，参与讨论解决对策，参与内容的设计和长远规划的制定等。

经过大约一周的评估，乐施会与当地藏族妇女共同设计了旨在使藏族妇女受益的健康教育项目的内容，包括组建妇女健康教育小组、妇女病普查普治、牧区妇女健康教育、发放家庭“小药箱”等。乐施会资助玛曲县妇幼保健站先后实施6期妇女健康教育活动，为80多名藏族妇女进行疾病的普查普治。经过近3年的健康教育，玛曲县欧拉佡乡、尼玛乡和阿万仓乡的近100名藏族妇女，学会了基本的保健知识。通过玛曲县妇幼保健站项目实施组成员长达3年的共同努力以及手把手的示范和培训，参与妇女健康教育项目的藏族妇女现在全部会使用卫生纸、卫生巾、穿内裤，进行孕期检查、刷牙、用香皂或药皂洗手，而且相当一部分妇女主动要求到县医院进行孕期检查和生孩子。

对城市里妇女而言，这些都是一些常识，但对偏远牧区的藏族妇女而言，要做到这些，需要健康培训人员付出艰辛的努力。因为项目区接受培训的藏族妇女100%都是文盲，她们既不认识藏文，又不懂汉语，只能用藏语进行口头交流。“小药箱”是项目的内容之一，即乐施会免费资助玛曲县妇幼保健站给培训合格的每一位藏族妇女发放一个保健药箱。

乐施会为藏族妇女提供的药箱。

“小药箱”里装了几十种不同用途的常用药物。对于不识字的藏族妇女而言，如何准确地使用药物，成为困扰培训人员的难题。经过大家的反复讨论和琢磨，玛曲县妇幼保健站的培训者终于想出一个办法，即用不同的颜色和符号代表不同的药物，只要让藏族妇女学会识别颜色和符号，在发放药物之前，在不同的药物上涂上这些颜色和符号，就能够让她们识别不同的药物。这个方法经过试验，还真灵。例如，红色圆圈代表“诺氟沙星”（治疗腹泻）、绿色三角形代表“吡罗昔康”（消炎止痛），绿色“%”代表“速效伤风胶囊”（医治感冒）等。

玛曲县妇幼保健院的培训人员就是用这样执著的敬业精神，将乐施会的项目理念落到实处。2005年8月上旬，乐施会项目官员与项目评估者一行四人，到玛曲县项目点进行项目评估。所用的方法仍然是乐施会强调的“参与性项目监测与评估”。经过一周的评估，所有评估者感受最深的是，像玛曲县这样偏远的牧区，妇女需要与男性平等的社会和家庭地位，需要尊重，需要关怀，更需要健康！

在评估小组返回的路上，我们偶然听到一位藏族姑娘嘹亮的歌声，歌词的大意是：

女人不必太美，
只要有人深爱。
女人不必太富，
只要牛羊成群。
女人不必太强，
只要受到尊重。
女人不必攀比，
只要活得健康！

这首发自青藏高原藏族少女内心的歌声，也许道出了千千万万藏族妇女的期盼……

丁文广，2002年加入乐施会，负责乐施会在中国西北的扶贫及发展项目，直至2009年。

好花红

雷光青

好花红，好花红，好花生在茨藜蓬，哪朵向阳，哪朵红；哪朵向阳，哪朵红……

这首旋律优美、流传了数百年的布依民歌，借赞美好花来抒发布依族人的情怀，表达他们对美好生活的热切向往。布依族人人会唱这首歌，人人都有属于自己的《好花红》。那一次，我们便听到一首由英语班和接生员培训班学员创作的《好花红》。

贵州省黔南布依族苗族自治州的西部，有个叫长顺县的国家级重点扶贫开发县，由于地处山区，属熔岩地形，耕作和交通十分不便，因此贫困程度格外严重。在那里，

在这里新生命诞生了。

因为缺少学校、老师、村医和接生员，小孩上学和孕妇生孩子不得不走很远的山路，这对低龄儿童和孕妇来说都是极其艰难的。

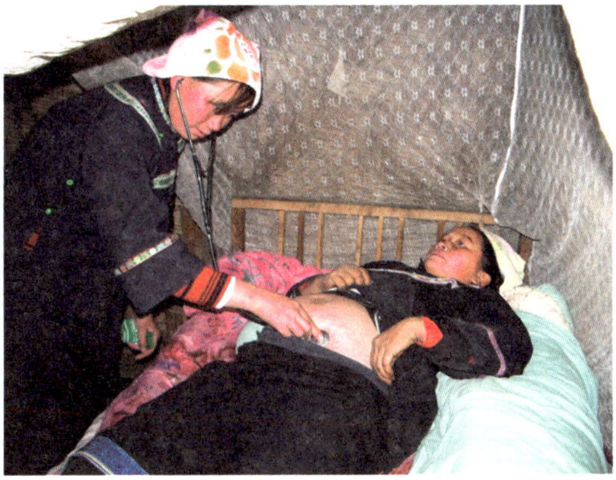

为产妇做检查。

自2004年以来，乐施会先后在这里建设两个校点，一所中心小学，培训394名教师和165名接生员。2005年12月，我和几位同事前赴长顺考察接生员培训班的效果。我们从长顺县城出发，在崎岖不平的山路上颠簸了三个半小时，终于来到目的地——长顺县登操乡。根据预先安排的行程，我们首先访问斗麻村。

在前往斗麻村的途中，妇幼保健院突然获知登操村黄花寨有一名产妇分娩，一天一夜后胎盘还没有下来，血流不止，随时都有生命危险。我们立即掉头前往黄花寨。这里离登操乡政府约5公里，但去黄花寨的山路非常陡峭，好些路段，我们几个不得不蹲下来，或者侧着身子才能走过去，花了约2小时才抵达。孕妇和产妇走这样的山路出来检查和分娩，几乎是不可能的事情。

刚从第一期培训班毕业的接生员柏华丽，背着接生工具箱，一路跑到产妇的家里，用她刚学到的技术开始帮助产妇取出胎盘和止血。大约半小时，滞留的胎盘清理出来了，血也止住了，病人转危为安。柏华丽告诉我们，参加培训之后，她懂得哪些情况下可以处理和怎样处理，哪些不可以处理。遇到紧急情况，处理再危险的产妇，她心里也不慌了，看来这次接生员培训对她们的帮助很大。

在柏华丽处理产妇的时候，我观察了产妇的家。两间茅草房，四面没有墙，只有竹子编的席子可以挡住些许风寒；家里除了两张极其简陋的床以外，再也没有什么摆设，屋顶挂着七八串玉米，房间的角落堆着一小堆土豆，看来玉米和土豆是她们的主食了。屋外一条小河旁，稀稀落落住着十多户人家。他们在这地方生活，估计就是因为这条小河，在长顺人看来，住在河边有水喝，是一件非常奢侈的事。

听说产妇完全脱离危险，主人一家都高兴得合不拢嘴，夸奖柏华丽的技术好，主人砍来一捆甘蔗给我们吃，又张罗着要杀鸡来款待我们。因下午还要到斗麻村去访问，我们婉言谢绝。

在斗麻村访问后返回县城，已是晚上9时多。第二天还有更远的路程要走，我们决定连夜赶回贵阳。那天，正是第二期教师培训英语班和第三期接生员培训结束的时候，学员们举行了一次联欢活动，而且还唱起她们的《好花红》来欢送我们：

好花红呃好花红，三十六朵共一蓬，三十六朵共一树，哪朵当阳哪朵红。

好花鲜呃好花鲜，好花开在刺中间。花好还要叶遮阴，绿叶不遮鲜几天。

桂花生在桂石岩，桂花要等贵人来，桂花要等贵人到，贵人来到花才开……

培训合格发药箱，来自哪乡回哪乡，基层网底更完善，妇幼卫生更加强，感谢香港乐施会，群众致富奔小康……

雷光青，中医师，1991年12月毕业于湖南省常德卫校；2005年2月进入乐施会至今，先后任中国部卫生项目干事、农村生计与灾害管理项目官员。

拉巴的妇女主任

大拉巴社区是木戛乡拉巴村委会所辖的一个自然寨，距乡政府有18公里。2006年末，全村有农户276户，1 072人，其中妇女488人，儿童357人，劳动力749人，全属拉祜族，全村信仰基督教。

张娜烈，是拉巴行政村的妇女主任，从2001年起，任社区发展委员会副主任，参与社区事务的管理。到2004年，社区发委会管理人员换届，被村民选为社区发展委员会主任，至今仍然担任这一职务。

我们见到娜烈时，她刚从村上的发委会开会回来，扎着一条鲜艳的橘色头巾，一笑起来嘴就咧开，露出洁白的牙齿。长期的社区工作，让人一见她就觉得特别亲切。

娜烈家中一共有6口人。丈夫长年生病，无法正常劳作，为治病花掉了很多积蓄，但还是在2007年5月因医治无效去世。现在娜烈的小儿子又到外地打工，家中主要的劳动力是女儿和女婿，女婿又经常回自己的父母家帮忙，家里的劳动就落在了娜烈和女儿两个人身上。家里背上了沉重的经济负担，即使这样娜烈还是积极投身于社区管理工作。

1995年开始，乐施会项目在当地实施，娜烈一家参与了寨子里社区发展基金、草果种植等生计改善项目，生活水平比项目实施前有了很大的变化。

谈到生计的改变，娜烈说“说也说不完”。不过，对于娜烈来说，不仅要和女儿一起做好家里的农业生产，为丈夫的病四处寻医问药，还要为花大量的时间和精力参与社区事务的管理。

她说项目对她的影响很大。以前，虽然自己被选为全村的妇女主任，但

娜烈一家。

娜烈在工作。

娜烈在发展委员会。

在村的管理中一直只是陪衬，参加会议也只是听男人们说，布置任务，听了去做就行了，自己没有更多的主意和想法。自从项目进入社区，开会让妇女多发言，采纳妇女的意见建议，自己也开始动脑筋去想寨子的事务，开始在会上谈自己的想法。随着自己的意见不断被采纳，自己也开始组织妇女讨论寨子的事务，把妇女们的意见带到寨子上和男人们共同协商。特别是2004年参与社区的社会性别培训后，社区对妇女参与社区事务不再感到奇怪。

娜烈觉得项目进入社区后，社区的生计有了很大的改善，村民为让日子过得更好而更加积极努力。但是，自己毕竟年纪大了，虽然社区规定选举管理人员时要有相当比例的妇女，但是一些能干、识字的女孩都外嫁了，娜烈希望，以后社区发展得更好些，能留住这些人，这样的话，自己做不动的那天，有新的能干的妇女能被选到社区管理层中。

我们离开娜烈家。娜烈把我们送到门口，就背起小孙子，开始洗菜做饭，等着女儿和女婿忙完活回来。

本文素材由乐施会前西南农村生计资深项目官员薛金铃提供，志愿者费晓静整理。

第七章 倡导

为贫穷人对抗气候变化，我们在路上

王彬彬

当被通知加入国际乐施会COP15代表团以“联合国特约观察员”的身份参与哥本哈根联合国气候变化大会的时候，我还在北京为乐施会组织的“‘对抗气候变化·爱上零度贫穷’I DO”大型公益行动的推进工作忙碌着。

一年前，当我跟周围人讲乐施会也关注气候变化的时候，得到的反馈更多是不解和质疑：“乐施会是国际扶贫与人道主义救援机构，气候变化是热门的环保议题，乐施会和气候变化能有什么关系？”

说到气候变化，一个经常被中国公众和国际社会忽略的事实就是“贫穷人是气候变化最脆弱的受害者”。而这正是乐施会开展气候变化倡导活动的出发点。

去年，我和几个同事到甘肃靖远的项目点访点，在一片半人高的玉米地里，村民曾善福剥开一颗玉米棒子，用指尖轻轻一按玉米粒，“扑”的一声，一股水喷出来，玉米粒马上瘪下去。曾善福叹着气说，靖远十年九旱，但2000年以后，雨更少了，六七月份本该是玉米灌浆的季节，突然下起冰雹，玉米叶子被砸成绺，玉米粒也灌不上浆，一年的收成就这样没了。这种情况不只发生在曾善福一个人身上。曾家所在的村子有很多闲置的破败土屋，曾说因为粮食收成没保证，周围有点门路和积蓄的人都搬走了，现在村里剩下的大多是穷老病苦。

面对逐渐萧条破败的村子，曾善福显得很无奈。

被冰雹打过的玉米。

现实总是残酷的。曾善福所在的村子，仅仅是中国贫困社区的一个缩影。

在中国内地，乐施会做了20多年的社区综合扶贫工作，2000年前后，一线同事在实际工作中发现，因为气候变化导致极端天气增多，靠天吃饭的贫穷社区群众的生计受到了严重威胁。

2009年6月17日，乐施会等国际机构与中国农业科学院共同发布了《气候变化与贫困——中国案例研究》报告，报告中指出："气候变化已成为中国贫困地区致贫甚至返贫的重要原因。95%的中国绝对贫困人口生活在生态环境极度脆弱地区，已成为气候变化的最大受害者。"

气候变化不只关系到极地冰川消融和北极熊消亡的环保问题，更涉及贫穷百姓的基本生计。气候变化不只关系到发达国家的减排，更关系到已经深受其苦的发展中国家的贫穷人如何去被动适应。

为了让更多公众和国际社会对这种现状有所了解，切实帮助受气候变化影响的贫穷人，乐施会一方面继续在一线项目点开展帮助贫穷人适应气候变化的项目，另一方面，也第一次尝试通过倡导的方式推进社会公众对气候变化议题的进一步认识，呼吁更多人为贫穷人对抗气候变化。

乐施会在西北农村推行的太阳灶。

“I DO”启动。

会场外乐施会组织和平游行，呼吁更多人行动起来对抗气候变化。

2003 年开始，乐施会在云南、甘肃等地的社会综合扶贫项目中融入气候变化视角，通过改良种植物及牲畜品种、推广太阳能、建造牲畜暖房、改坡地为梯田等方式，帮助当地群众适应气候变化。时至今日，这样的工作仍在继续。

2009 年 7 月 23 日，“‘对抗气候变化 · 爱上零度贫穷’I DO”大型公益行动在全国启动。

“I DO”行动分三个阶段进行。第一阶段是从 7 月底开始为期 1 个月的全国范围主题作品征集，将在搜狐公益和凤凰公益两大网络赛区同步举行，专家评审从参与者中评选出 11 位“I DO”大使。第二阶段，即 9~11 月，11 位大使通过“气候变化在中国”项目点探访及驻华使馆公益作品展、音乐节主题活动、青年广告创意营、华人精英会月度活动等系列平台全面提升自身沟通及谈判能力，并通过各种渠道提升公众对气候变化议题的认知。第三阶段，根据 11 位大使的人气指数评选出 1 名“I DO”特使赴哥本哈根，全程参与联合国气候变化谈判，代表中国的贫穷人发声。

最终，来自南开大学的学生肖欣成为“I DO”特使。2009 年 12 月，我们一起飞赴哥本哈根。在那里，我和国际乐施会来自 14 个国家和地区的 60 多名同事们一起工作，第一时间跟进谈判进展，帮助媒体分析错综复杂的谈判局势，尽一切可能为发展中国家的贫穷人争取权益。“I DO”特使肖欣的任务就是带着从甘肃带去的玉米等物证去游说身边的代表，告诉他们碳排放最少的贫穷人却在气候变化的危机中受害最深，告诉他们中国也是气候变化的受害者。

我们疲惫而兴奋地在哥本哈根忙碌，我们发现，当发达国家责难发展中国家

乐施会安排马尔代夫的志愿者沉入水底，反映海岛国家受气候变化影响的现状，以呼吁更多人重视气候变化。

时，乐施会的报告和实地工作经验成了一种有效的制衡，在哥本哈根会议最终的协议文本中，“适应”一词出现了三次，发达国家也承诺为发展中国家提供新的、额外的300亿美元适应资金。

一年后的今天，越来越多的媒体开始主动关注适应问题，身边也有越来越多的人开始知道气候变化不只是环保议题，贫穷人不该承担气候变化带来的灾难。

更令人欣慰的是，在国家农业部和国务院扶贫办正在制定的“十二五”规划中，扶贫应融入气候变化的视角正被考虑加入到新的政策中。

为贫穷人对抗气候变化，我们在路上，你呢？

王彬彬，媒体工作十余年，曾任中央电视台出镜记者，“5·12”地震后加入乐施会至今，历任媒体官员、国际乐施会 COP15 代表团亚洲传播统筹、乐施会中国部传播统筹职务。

减少贫困，公司当先行

蔡　睿

在扶贫路上，乐施会尝试用不同的方法减缓贫困的发生。推动企业履行社会责任，使供应链末端弱势的小生产者受益，是其中之一。因为我们相信，贫穷多源于结构性的不公平。为减少不公，商业机构有必要带头履行企业的社会责任，商业机构在减少贫穷和促进可持续发展上应当扮演适当的角色。

乐施会一向积极推动企业承担社会责任。我们认为，企业应当对其供应链中的社会、生态和经济后果负责，积极地向公众报告，并建设性地与利益相关者开展对话和互动。

在追求经济公平的目标下，乐施会从2006年开始，在中国内地开展企业社会责任的倡导工作，提升企业、相关政府部门、公民社会组织以及公众对企业社会责任的意识和认知。并于2008年确立了“倡导农业和食品企业履行社会责任，使广大小农受益”的3年工作目标。之所以选择这类企业，是因为农业和食品企业承担着特殊的社会责任。

据统计，每年全球有40亿吨农产品从农民的农田搬到消费者的餐桌，农业和食品企业是连接人类生存需要和自然资源供应的纽带。以食品加工公司为例，他们

“农业产业化龙头企业社会责任调查研究”结题研讨会代表合影。

从农户那里收购或自己耕种初级农产品，加工成便于食用的消费品后，销售给千万消费者。在长长的供应链条中，小农户往往是相对弱势的群体，他们缺少资源、信息、谈判能力和机会；而一个负责的企业，在获取利润的过程中，也有必要让农户获得稳定的生计；同时，对原料来源地社区的可持续发展负责（不是只当做原料采购地）。对于企业来说，只有农户的可持续生计获得了保障，才有安全稳定的农产品供应链条，才有农户和企业的双赢，才能获得消费者的认可，才能在市场竞争中立于不败，获得长远永续的发展。

那么，我们如何能够促使企业履行社会责任呢？从利益相关者的角度来说，公民社会组织、媒体、政府等，都可以成为企业的利益相关方，都能够对企业改善社会责任的政策和行为产生外部压力。

从2008年开始，我们与农业部农村经济研究中心合作，开展“农业产业化利益联结机制与龙头企业社会责任研究”项目。项目力图切入价值链的中端，从龙头企业的社会责任调研入手，以龙头企业获得国家财政补贴和政策优惠的特殊性作为其必须履行社会责任的依据，发掘龙头企业在保障农户利益、保证产品质量、保护环境等方面的表现和问题，倡导龙头企业的社会责任公示制度，探寻企业利润返还农户和农业的有效机制。调查主要针对养殖业，在这个行业中，农户与加工企业联系得非常紧密。

在调查中我们发现，小农户在市场和企业的风云变幻下是非常脆弱的，也是需要保护的。举例来说，某县，全县龙头企业带动农户74 969户，农民人均收入的55%来自产业化经营。该县某畜禽企业，2007~2008年受金融海啸的波及，各生产要素对该企业利润率的影响情况为：能源价格上涨2%~3%，人民币升值3%，饲料价格上涨2.5%，劳动力价格上涨1.5%~2%，使得企业的利润全年减少9%~10%，而企业平均年利润率为6%~7%，所以企业亏损2%~3%。面对此种情况，企业首先想到的应对措施就是减产，即将原来7 500家合同户减少到2 000户。公司负责人坦言，农民是减收的。

很多人会认为，企业转嫁经营风险是市场行为，这有什么不对吗？如果我们转变思维，将农户和企业作为彼此紧密联系、相互作用的利益相关方，答案就是否定的。如今，一个具有战略思考的企业不能再仅仅继续“利润至上”的经营模式，取而代之的应是与利益相关方共同可持续发展。

奶牛繁育基地。

2009年1月，我们看到了《农业产业化国家重点龙头企业倡议书》，倡导龙头企业即便受到了金融危机的影响，也要“稳定购销关系，带动农民就业增收”。“想农民之所想，急农民之所急，保订单、稳价格，按照合同约定的价格积极收购农产品，做到能收尽收，保障农民出售农产品的收入”。将来，我们还会看到政府相关部门促进龙头企业带动农户增收的一系列举措，包括乐施会一直倡导的“透明度公示制度”等。这些行动，在一步步推动着改变的发生。

与此同时，乐施会也在从事着跨国食品公司的倡导工作。我们认为，全球领先的跨国公司具有领导全球企业履行社会责任的重要义务和巨大潜力。在全球一体化的背景下，跨国食品公司在发展中国家的投资能够影响到地方政府的决策，以及小农利益和农村社区的发展。我们正在通过严谨系统的研究工作，希望打开与公司的对话，为小农争取平等的发展机会和权利。

扶贫长路上，乐施会一定不是独一无二的，一定不能是孤军奋战的。我们需要跨国公司发挥领导力量，需要更多公司积极行动起来。

蔡睿，乐施会企业社会责任项目官员。2007年11月加入乐施会至今，负责企业社会责任倡导工作。

项目财务管理的行与思

黄　静

乐施会一直都重视项目资金的监管。

这首先是因为乐施会的资金绝大部分来自香港市民的捐赠。如何更好地向捐款者尽责，管理和使用好资金，不辜负众多捐款者对扶贫发展事业的赤诚之心和对乐施会的信任及期望，这一直以来都是对乐施会最大的挑战。为了管理好每一笔资金，乐施会建立和实施了多种相关制度和流程。这里简要描述乐施会与合作伙伴在合作项目管理中财务管理的重要环节和思考，供有心的读者了解、指正。

从预算到审计

为了管理好项目资金，乐施会在项目财务管理中遵循公开透明、助人自助的原则，重视财务信息和资料的真实、准确和完整，尽可能从项目审批到项目结束的全周期内完善项目的财务管理。因为注重管理的细节，乐施会在行业内常被戏称为“啰嗦会”、“婆婆”。正如有人说：“精细化管理时代已经到来，成大业若烹小鲜，做大事必重细节。”乐施会认为，注重细节、注重项目的资金和财务管理，是乐施会保证资金得以善用的必要方式，也是乐施会建立公信力和自我发展的需要。

乐施会注重经济节约的资金使用，项目预算编制和审批是其中一个重要的环节，也是后续阶段进行项目管理的一个主要基础。在需求评估阶段，乐施会的工作人员会到项目点进行评估，了解受益群众的需求，大致评估项目的规模。之后，乐施会项目官员会和合作伙伴一起讨论和完善合作伙伴提交的预算。下一步乐施会项目经理需要就该项目预算和建议书进行评审，同时乐施会还有专职合规经理对所有的项目预算进行复核，复核预算是否符合乐施会的标准、费用是否合理、不同项目之间的预算标准是否存在明显差异。每位工作人员和管理者对项目预算的意见都在项目建议书中保留，最后根据审批权限由具备相应权限的管理人员最终审批。

乐施会的项目预算以活动为基础，要求尽可能详细。例如预算对农户进行种养殖培训的活动，需要考虑一年进行多少次培训、每次培训多少天比较合适，培训的时间与时节是否合适；技术人员是否能从当地聘请，聘请几个技术人员较好；如果需要从外地聘请专家，外地的专家是乘坐火车还是飞机来到项目所在地，机票和火车票的费用大概多少；支付多少技术指导费给技术人员比较合理。另外，每次参加培训的农户为多少户；预算时还要区分多少天集中在镇里或县里学习，又有多少天是在农户所在地的田间地头进行现场指导，在镇里或县里培训就要预算受训农户在镇里或县里进行培训的住宿费、交通费、会议室或教室租金，而在农户所在地进行现场培训时农户可以住在家里就不需要预算受训农户的住宿费、交通费和其他费用。通过这种详细的以活动为基础的预算，在项目正式实施前就能够较为准确地确定资金规模，明确资金的具体用途和标准，减少以后阶段资金使用的随意性。

在项目实施阶段，乐施会尽可能地公开透明化，调动各方相关人群参与项目管理和监督的热情和积极性。在维持社区稳定和谐的前提下，选择有条件的地方组织受益群体自我管理项目。例如在救灾物资的发放和灾后重建中，我们鼓励相关受益群众参与到选择适用物资、物资采购询价、物资验收监督、工程项目监督中来，并鼓励群众投工投劳，主动参与项目的实施。阳光是最好的防腐剂，通过公开透明的管理，保证善款使用得当，同时也有助于提高受益群众的自我发展能力。乐施会的工作人员也尽可能到达物资发放点，将物资交到受益人手中，并监督物资的发放过程。

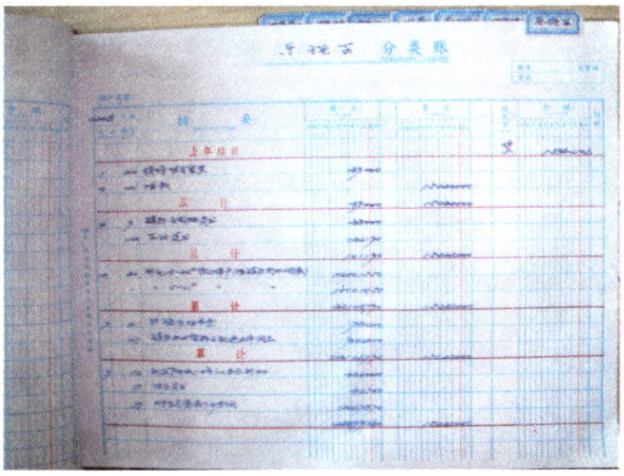

明细账。

再说项目审计。在项目结束前，乐施会还会安排项目审计师审计合作伙伴管理的项目。不少国际非政府组织或国际组织只审计金额特别大的项目，乐施会则对人民币 15 万元以上的项目均进行审计。审计师一般会到项目现场审计合作伙伴的财务资料，还会到部分受益群众家里进行探访，以确定群众是否确实得到了相应的资助；审计项目支出与预算是否有重大偏离，程序是否完整、合规，伙伴的财务管理制度是否得到有效执行，必要时还可能调查当地的物资价格，以确定物资采购是否有重大的

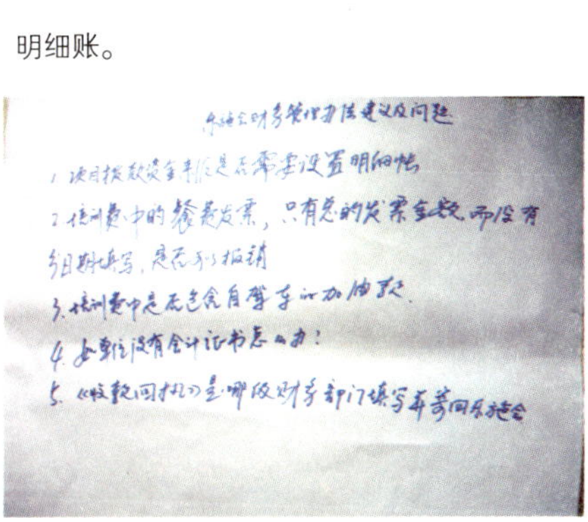

财务培训中伙伴提出的问题和建议。

不合理支出等内容。在项目审计上，合作伙伴普遍感受到乐施会的审计比较严格，在收支审计中比外部的会计师事务所审计更为详细。

困难和挑战

上述财务管理方式，与乐施会的项目运作模式紧密相关。我们既不同于资助型组织，也不同于自主操作型组织，而是介于两者之间，通过与人合作来实施项目。也因此，乐施会的公信力在很大程度上也有赖于合作伙伴的诚实守信，有赖于合作伙伴的操守和行为。

乐施会的合作伙伴类型多种多样，有政府的合作伙伴，有大学的研究机构，民间的草根组织，有单个的自然人，也有其他企事业单位。在内地，乐施会项目区域遍布全国各地，很多项目点位于交通不便的偏僻地区，这些都给我们的项目管理带来了一定难度。为了更好地了解一个新的合作伙伴并较好地保障资金安全，乐施会规定，首次合作时，支持新伙伴第一年的资金不得超过25万元。通过一段时间的合作，双方相互熟悉、合作比较顺利后，才可能考虑逐步扩大合作范围。很多合作伙伴原来的项目财务管理与乐施会的项目管理存在着不少差异，对合作伙伴而言，实施乐施会的项目，需要改变他们原来的一些习惯操作，不仅工作量增加了，更需要改变工作方法和态度，尽可能地公开透明，更为细致谨慎。当合作伙伴理解了乐施会的资金来源，尤其是众多捐赠人参与艰辛的毅行者（一种大型的徒步捐款活动）、购买乐施米、成为乐施会每月定期捐款者时所寄托的善意，往往会改善他们原来的管理方式和工作方法。在此衷心感谢众多合作伙伴为此作出的努力！

我们有不少合作伙伴是一些小型的草根组织，这类伙伴的财务管理能力比较弱；部分合作伙伴是个人管理一个项目，这些个人或许是扶贫发展领域的某类专家，但他们在财务管理方面却不一定很熟悉。这些草根组织和扶贫发展专家，往往缺乏专业的财务机构或人员配置，有时在财务方面会出现诸如票据不符、管理不规范等问题。即使是对具备财务机构和人员的单位来说，其财务管理制度的不尽规范和习惯的影响有时也会造成一些问题。我们在审计中都会针对这些问题，给伙伴提出相应的意见和建议，促进其改进。针对新的合作伙伴，我们还会组织集中培训，向伙伴讲解乐施会的项目财务管理原则和制度，交流项目财务管理经验和体会，提高实际的项目财务工作能力。

乐施会的项目审计，旨在帮助乐施会自身及其合作伙伴改善运营，增加价值，实现目标。但与伙伴的合作始终是一个不断磨合的过程，有时甚至需要经历较长的时间，这也是一个比较困难的过程。同时，如何平衡合作伙伴的财务管理能力、项目成效与捐款者以及其他人士对项目资金使用和管理的要求，如何在保障资金安全的同时促进扶贫发展新领域的创新，也难以找到特别理想的方法。

对社区群众自己组织的一些项目，有时部分资金也会交给社区群众自我管理。比如社区发展基金项目（类似于一般的社区小额贷款），这类项目周期相对比较长，交给社区自我管理的好处是：社区的群众最熟悉社区的情况，群众清楚哪些家庭组合起来更有凝聚力和相互约束力，互帮互助，共同抵抗外部风险；同时社区自我管理也能更及时地回应社区的需要，减少乐施会的管理成本。在这种情况下，我们也会指导群众如何记账、如何公示，帮助社区管理好发展基金。但另一方面，这样的管理难度也不小，因在偏远地区群众的文化水平普遍不高，要找到群众信任且具备较好文化水平、能做好会计基本记录的合适人选也不容易。毫无疑问，社区群众能力也是一个逐步提高的过程。

乐施会倡导管理的公开透明，对乐施会而言，公开透明也是对自身的一个挑战。在内地，乐施会有一个正式的机构网站，建站后一直在不断公布更新有关信息，但目前其信息的深度和广度还比较有限，比如在资金使用方面的信息比较少，

乐施会组织的财务培训学员合影。

受益群众查看公示。

相对乐施会在香港的信息发布而言还比较欠缺，其中一个因素也是因为目前乐施会还没有在内地接受捐赠。我们也明白，在捐款管理规范到位以及相关信息的公开透明方面，内地公众也和其他地区的公众一样有很高的要求和期望，乐施会希望就此方面我们在内地也能够逐步提高和发展，让内地更多的公众了解乐施会，树立良好的品牌形象，这是我们今后工作的一个方向，同样也是对我们的一个挑战。

总之，项目资金的管理是乐施会项目管理的重要内容，在多年的发展工作中我们积累了一些经验，虽还不能尽善尽美，且要尽可能达到不同人士的期望也有相当的困难和距离，但我们一直在不断学习、不断探索、不断努力，为中国的民间组织和公益机构的公信力和问责文化的建立和健全而不懈努力。我们期待热心的人士能更多地关心和参与我们的扶贫发展事业，为乐施会在内地的工作提供更多宝贵的建议和善意的批评，以支持和帮助我们在扶贫发展道路上更加健康地向前发展。

下部

我与乐施会

第一章　峥嵘岁月——员工的追忆

追忆往事
——我与乐施会的十七年

孙云雁

夜深，辗转反侧，竟不能寐，难以平复的思绪将我拽入记忆的深处……

仿佛回到了17年前来到乐施会时的第一个办公室，它就位于今天昆明市中心距离翠湖很近的连云宾馆十号楼。办公室位于一幢式样简单但很大方的两层小洋楼的二楼，从楼梯拾级而上至二楼，推开一道虚掩的纱门，眼前是异域风情的办公兼家居风格，地上铺着厚厚的地毯，墙上挂满了在世界各国拍摄的摄影作品。穿过客厅便来到一个很阳光的厅堂，一张很宽大厚实的桌子放在正中，拾一把椅子坐下，刚刚离开校门的我就在这儿伏案工作。厚实的桌子足可以容纳10人在此开会。左手边便是一个小巧的厨房，厨房内各种设备一应俱全，厨房侧边的走廊边就是两间由原来的客房改成的办公室和一间代表的卧室，整个办公室结构紧凑而温馨。

脑海中首先浮现出我第一天入职时的种种情形。那是1994年3月22日，当时我还是一名在校的大学生，已经临近毕业，利用课余时间半工半读。那天早晨我从学校骑着自行车东问西找之后总算骑到连云宾馆，雨下得很大，我在雨中艰难地行进，快到十号楼的时候看到前面有一个打着雨伞的年轻男子，也向十号楼方向走过去。当时我心里就在嘀咕，这是谁呀？怎么和我去一个地方？到了办公室又见到

首任昆明办代表费立波（左）与澳大利亚海外援助机构官员迈克1992年在昆明办合影。

他，才知道他就是乐施会当时的财务行政经理陈际时，是专门从香港过来帮助昆明办建账并来教我使用财务软件的。在他的耐心讲解下我逐渐掌握了一些基本的账务方面的实际操作办法，并学会了总部使用至今的SUN财务软件。三天后陈先生就返回香港，从此我便独立开始财务工作了。以后在财务工作中一遇到困难我就向陈先生请教，陈先生也总是耐心而仔细地教我解决问题的方法。

记忆中又浮现出初来时同事的音容笑貌。有老费、白爱莲、刘竹湄、徐庆平、刘琨，我来了后陆陆续续又来了李波、向跃平、彭长虹和宋浩昆。

记忆中永远抹不去的是最早见到的一位代表——费立波（Phillip John Bennoun）先生（也称老费），费先生是澳大利亚人，说一口流利的普通话，对中国扶贫事业的挚爱之深令每一位了解他、认识他的人都无比感动。不幸的是，当时他患有不治之症并且已经病重，只见了数面后他便返回澳大利亚家乡。7 月，也就是他返回澳大利亚不久后，竟传来他逝世的噩耗，死时未满 40 岁。闻知噩耗，我们在办公室举行了一个简单的追悼会，邀请了一些合作伙伴和老费生前的好友参加。不久，他的孪生哥哥罗伯特（Robert Bennoun）和姐姐玛丽按照他的遗愿将他的骨灰分成四份，其中三份分别安葬在他深深眷恋并为之奋斗过的三个项目点——威宁石门坎、禄劝龙潭山、澜沧安康大寨，另一份则埋在他的祖国——澳大利亚（也有说法是撒到了南太平洋）。老费的精神深深感动了许多人，在他辞世后差不多 10 年我还接到一个新闻记者的电话说要为他写稿。今年我又听一位合作伙伴提及北京的学者沈红（近代著名作家沈从文的孙女）在听说了老费的故事后，表示近期要去澳大利亚寻找老费在澳大利亚的墓并拜谒他。

还有当时一位负责财务行政的同事叫刘竹湄（Wylie Liu），她是一位美籍华人，出生在泰国，所以中文名字中就取了湄公河的湄字。刚刚从学校毕业的我很多办公设备都没有见过或没有使用过，她很耐心地教会我如何使用。1994年7月我大学毕业，意外地收到非常简单而又有意义的礼物：一张自制的贺卡。在这张贺卡上，有Wylie、向跃平、白爱莲、李波给我写下的祝福语，祝我顺利完成大学学业。这张简单而充满深深关切的小贺卡我一直珍藏着。

还有宋浩昆和向跃平，两人都是科研机构的研究人员，是云南在扶贫领域的资深专家,两人都学识渊博,又很幽默,还记得说宋浩昆是“大愚若智”而向跃平是“大智若愚”，常常逗得我们笑个不停。

还有李波，非常聪明好学，一口流利的英语让人佩服不已。李波后来靠着自己的努力考到美国的康奈尔大学攻读硕士。学成归国，今天的李波已经是环保和生态领域一位有一定影响力的学者。我后来在一些报纸和杂志上还看到过介绍他的文章。

还有当时的副代表彭长虹，虽然是副代表，却一点领导的架子都没有，十分平易近人。印象最深的就是他对工作的挚爱，大家开玩笑说出差的时候都怕和他住一个房间，因为他会和你不停地谈工作，甚至说梦话讲的都是和工作有关的事情。长虹后来因为身体不适离开了机构，其后陆续为机构的一些项目担任顾问工作。

当时还有一位外国人Irene Bain，中文名叫白爱莲，相处虽然短暂却也给我留下很深的印象。她讲一口流利的普通话，经常穿着一身很漂亮的苗族裙装。

还有徐师（徐庆平）。徐师很能干，我记得刚来的时候，各种跑银行或外出采购的工作都是徐师领着我做的。比如说到银行取款和汇款，徐师带我到银行，给我介绍工作流程并让我熟悉银行柜台上经常打交道的工作人员。那时徐师背着一个敞口的民族包，毫不起眼，但徐师说他跑银行取几万的现金，就是放在这个包里。

1994 年 10 月底，我们搬到我来乐施会后的第二个办公室——永昌小区老鸦营 10 号。这是一幢三层并在顶楼用玻璃和钢窗封闭的典型昆明的农村住宅，几经倒手后以 40 多万元人民币（以当时的市价看算是高价）卖给乐施会，但由于这是在村民的宅基地上盖的房子，因此产权证一直没有办下来。楼内有一小小的天井，光线昏暗而潮湿，一楼的房间由于潮湿，墙角很多地方已经有明显的发霉痕迹。四周是同样密密麻麻的民居,住着大量的流动人口,并且还有不少作坊生产各种仿冒“名牌”的服装。村委会的个别人十分霸道，俨然一副地头蛇的样子，到后来因为一点小小的摩擦就断我们的电，有好几个月害得我们只得天天自己发电，在发电机的隆隆声中和昏暗的灯光下勉强办公。

老鸦营10号办公楼（从左至右依次为李波、徐国伟、刘竹媚和时任西南项目办顾问孙吉（Jim Carlson））。

虽然这不是一个理想的办公场所，可在这儿的四年间也留下了许多弥足珍贵的记忆。

在这里我们迎来老费之后的代表陈小明女士。她精明、能干，在工作上要求很严，工作之外又非常和蔼。工作之余她经常邀请我们到她家里，做各种美食给我们吃，从各个方面关心着每一个员工，大家相处像朋友一样融洽。

1996年8月，陈小明任期满后不久，徐国伟接任代表。我记得他到昆明办公室的时间大概是在1996年11月。之前国伟已经在香港总部工作了好几年。在我的印象中，国伟其实很细致，待同事们也很和气，工作之余不时邀请我们品尝他亲手做的菜肴，并经常烤制精美的蛋糕带到办公室供大家享用。国伟还很乐于将烹饪经验和烤制蛋糕的方法传授给有兴趣的同事。

1997 年 6 月 30 日，为迎接香港回归祖国，在国伟的带领下我们在老鸦营办公室的顶楼搞了一个盛大的冷餐会。除了办公室所有的同事外，我们还邀请了在昆明的合作伙伴。整个冷餐会从筹划到实施完全由我们DIY，冷餐会的食品事先从外采购并由我们自己分盘装好，将水果洗净切好并备好牙签以便取用，除此之外，我们还买了彩灯、大红灯笼以及彩色的贴纸，从三楼将电源接到四楼后，在四楼的各个地方先接了好多灯，灯从天花板垂下来大概比人高出一点点，然后在每个灯上分别用彩纸或大红灯笼蒙上。彩纸也是红色的，绘有紫荆花或其他图案，用彩纸将每个灯蒙成一个小圆柱体，整个四楼在彩灯、红灯笼的照耀下，到处流光溢彩而又喜气洋洋。在音乐的陪伴下，大家或三五小聚品茗交谈，或六七人在一起谈古论今、指点江山，气氛活跃而又十分惬意。

1998年10月我们就搬到了西华小区一直用到现在的办公室。现在的办公室从办公环境到内部空间都较之前老鸦营的办公室有很大的改善。在这里，很多当年一起工作的同事先后离开了乐施会，如赵鸭桥、吴於松、罗荣芬、向跃平、胡岗、宋浩昆等，也有更多的新同事加入了乐施会这个大家庭。特别是在2006年以后，许多年轻人满怀理想来到这里，为乐施会注入了大量的新鲜血液，各种新的思想和理念在此交汇。今天你在办公室可以看到他们匆忙而充满活力的身影，在午间休息的时候也可以来听听他们讲的各种笑话，常常令你捧腹大笑，仿佛自己又回到了那个激情飞扬的年代。

时光飞逝，转眼间我来机构已经 17 年有余，其间我做过行政、出纳、会计、审计工作，并一直担任会计工作至今。曾经很多人问我有什么动力让我在同一个机构待上十几年，并在同一个岗位上一直做了下来，其实我想我也并不具有什么特殊的品质，我心里只有一个最简单的想法，就是尽自己的努力将自己做的每一样事情做好，对得起每一位给乐施会捐款的普通的香港市民，只求问心无愧就好。

谨以此拙文纪念乐施会在内地开展工作24周年，并同时献给曾经与我共事或现在还在一起工作的同事们，让我们共同追忆过去的点点滴滴，共同回味曾经的平淡与朴实。

1997年国际乐施会代表访问昆明。

孙云雁，1994年3月加入乐施会并工作至今，担任过行政、出纳、审计和会计工作。

数风流人物

王迪民

乐施会1987年在广东开展支持残疾人的活动，到2011已经整整24年。20世纪80年代末90年代初，乐施会在云南、贵州等省区积极开展赈灾活动，援助资金已经达到每年300万~500万元。1996年云南丽江地震，乐施会在香港居民的热情推动下，救援和重建方面更是投入巨资，在四个受灾县同时开展工作，项目拨款达到1，218万元人民币。时至今日，乐施会在中国内地的扶贫资金，已经超过6亿元人民币。

这些资金的背后，有一群热诚的、负责的、有奉献精神的乐施会员工的辛勤工作。是他们将捐款者的善心传递到贫困人手中，助人自助，支持他们摆脱贫穷和苦难。作为他们中的一员，我感到深深的自豪。同时，作为昆明的一名老员工，我也希望把历任的几位领军人物介绍给大家。他们都各具特性，没有他们，乐施会不会发展到今天，不会取得如此的成绩。

昆明办大家庭。

1992年2月，云南昆明连云宾馆，乐施会在中国内地设立了第一个项目办公室，与云南和贵州的政府部门合作开展农村扶贫项目，首任代表是澳大利亚人费立波先生（Phillip John Bennoun）。我没见过老费，没有什么感性认识，只见过他代表乐施会与政府签署的合作协议文本，听说过他的一些事迹，也见过不多几张他和同事在项目村与村民在一起的照片。1994年7月15日，仍然在职的费立波不幸因病在墨尔本去世。按照他的遗愿，家人将他的骨灰分成四份，一份撒入南太平洋，另外三份分别安葬在云南禄劝县的龙潭山村、云南澜沧县的安康大寨以及贵州威宁县的石门坎乡。这三个社区都是乐施会最早的农村发展项目点，也是老费曾经工作过的地方。坟墓至今仍然保留着，并得到当地村民的妥善管理。一个外国人将自己最后的牵挂留在中国贫瘠的土地上，让人不禁感慨。

1994年威宁石门乡费立波病逝后埋葬骨灰的悼念仪式。

香港人陈小明是乐施会的第二任中国代表，在任两年，至1996年离任。是她录用了我，也是我的第一个香港老板。小明对待工作非常认真，几乎每天都是第一个到办公室，最后一个离开。那时，我们最怕的就是被小明叫到她的办公室，不用说，工作上肯定出问题了，如果还要关门的话，那问题就严重了。小明任期内，乐施会的农村发展项目又扩展到云南的西盟县、广西的巴马县，工作得到了进一步拓展。小明不仅勤于工作，也不忘生活。她是位非常干净整洁的女士，不论办公室或家里都一尘不染，而且能做一手好菜，不时会请同事去家里聚餐，大家一同乐乐。还记得有一次我们开了一瓶香槟，不料把瓶塞冲到天花板上去了，相信现在还留有印迹呢。

与小明同期，昆明办还有一位副代表彭长虹。长虹当时是昆明市外经委外经处的副处长，受乐施会的邀请和政府的委派，协助小明管理项目，他是乐施会第一位来自内地的管理级人物。长虹是个典型的工作狂，除了工作，基本上不谈其他，即使话题不在工作，他也会把话锋一转又谈工作。很多同事都有过类似的经验，出差途中与他合住一个房间，晚上他不侃到你睡着绝不罢休。正是这种拿起来就放不下地玩命工作状态，加上大量吸烟，1996年7月，长虹因病住院治疗。痊愈后有一段时间戒了烟瘾。同年10月，因健康原因改任乐施会顾问，为时半年。在此我们祝长虹健康快乐，放松心情。

小明离任后至新代表上任前有两个月的空当。总部派当时董事局的成员、香港区议员狄志远（Tik）先生来昆明代理代表工作。阿狄是个乐观的人，只是普通话实在不敢恭维。初来乍到，他对中国的交通也不太适应，记得有一次我陪他骑自行车出行，他可能一下子适应不了，总想往左边去，吓出我一身冷汗。

徐国伟是第三任代表，从1996年10月~2001年3月，历时约四年半，是在任时间比较长的代表之一。国伟任职期间，乐施会农村综合发展项目又增加了云南的剑川县和鹤庆县，贵州的晴隆县和麻江县以及广西的大化县，其他合作项目也大量增加，项目主题变得更加丰富。国伟是媒体出身，我从他身上学到很多，特别是报告写作方面。另外，国伟的时尚和品位也让昆明办的同事称道。烘焙技术是国伟的骄傲，因此，我们吃了不少他自己烤的香蕉蛋糕、核桃蛋糕……还听了讲座，观摩了实际操作。他寓所的装修更是让人大开眼界，我们戏称“故宫再现”。每任代表到昆明都有一个适应的过程，国伟也不例外。记得他初来昆明时，骑着自行车去逛商店，不想几分钟出来，车却不见了，后来一问才知道，根本没锁车，你想，这不等于主动邀请吗?

国伟离任后，由于乐施会代表责任重大，对其要求很高，大约有半年时间，乐施会没有找到合适的代表人选。后来，2001 年 9 月，我们迎来第四任代表，德国人裴兰芝女士（Johanna Christine Pennarz）。严谨率直的德国风格表露无遗。严格遵守时间、合理利用时间也是裴代表的品牌形象。也许是文化差异，也许是价值观不同，裴代表未满一年便离职，但在她的推动下，我们在办公室的楼顶搭建了第四层，现在成了昆明办唯一的会议场所。

裴兰芝之后，乐施会没有再聘代表，从 2002 年 7 月开始，由香港总部的中国项目统筹王佐芳直接管理，从此开始了遥控指挥和空降部队相结合的管理方式，直至 2004 年 3 月。佐芳基本上也是以工作为中心的干将，每次来昆明，相信箱子里装的文件重量不会少于其他行李的重量。她在昆明时，我很少知道她什么时候下的班。有时候，门房会告诉我，佐芳昨晚 11 点以后才走。相信如果不是考虑门房休息，她会熬到深夜的。佐芳给我最深的印象是她轻柔但严厉的话语，办公桌上排列得整整齐齐的待批文件，从上到下，每份文件漏出三公分的头，几张黄色标签站岗似的，用转笔刀修得尖尖的铅笔和密密麻麻的批注。记得 2003 年“非典”流行期间，佐芳在昆明时高烧不退，我和同事冯明玲陪她去医院发热门诊检查，当时，真担心我们都被隔离了怎么办。还好，她争气，不是非典，但为了退烧，吊针是必须要打的了，好在明玲是医生出身，打了两天后，顺利混过机场检查，安全回到香港，我们所有人都松了一口气。

2004 年 4 月，昆明办告别了“代表”时代，有了第一任经理——香港人李念先女士。项目管理模式也从地域管理转为主题管理，念先负责农村生计和艾滋病预防项目，项目区域扩展到西北省份以及中东部的一些地区，管理的人员也不再局限于昆明的员工，还囊括了兰州办的一些同事。从此，乐施会在管理模式上迈出了新的一步。念先是个认真细致的经理，同事送雅号“抓大不放小”。她对所有的员工都一视同仁，项目人员以及后勤和服务人员都得到过她的关照。由于念先目前仍然在任，溢美之词还是暂时先保管起来吧。

2006年7月，继彭长虹之后，昆明办产生了第二位本地的经理级人物——农村生计项目的副经理冯明玲，相信这是机构向本土化策略迈进的又一步。明玲2001年底加入乐施会，有丰富的农村生计和农村卫生项目的经验，干练而充满活力。希望她更快地成长起来。

另外，还有两位重量级人物不得不提。一位是早年为我们做饭的王大妈，可能没人记得王大妈的全名了，但老员工中，相信没人会忘记王大妈的其人其貌，她烧得一手好菜，名气可大了，让云南人、香港人、外国人都佩服得不得了，可惜到1997年年中，她觉得身体不适，回家养老去了。

另一位就是现任厨师杨云珠，大家按云南人的习惯尊称他杨师。杨师从 1998 年 12 月开始为同事做饭、打扫卫生，到今年快满 13 年了。这些年里，杨师不断地了解大家对饭菜的要求，努力改进菜肴，变着法地改换口味，尽量做到最好，付出了不少努力，也得到了大家的赞扬。

冬去春来，一年又一年。在这 24 年里，乐施会已经发展壮大了许多，有更多的贫困人群得到帮助，并从中受益。机构也从最初的一个办公室发展到现在的五个

乐融融。

办公室，员工近90人，优秀的经理们在各自的岗位发挥着他们的作用。相信再过20年，我们会看到更多的为乐施会事业作出卓越贡献的风流人物涌现出来，到时候，希望有人接着我的文章写下去。

乐施会昆明办公室历任领导任职时间表：

费立波	乐施会中国代表，1992年2月~1994年7月
陈小明	乐施会中国代表，1994年9月~1996年8月
彭长虹	乐施会中国副代表，1994年9月~1996年9月
狄志远	乐施会中国代理代表，1996年9月~1996年10月
徐国伟	乐施会昆明办公室代表，1996年10月~2001年3月
裴兰芝	乐施会昆明办公室代表，2001年9月~2002年6月
王佐芳	乐施会昆明办公室兼职代表，2002年7月~2004年3月
李念先	乐施会农村生计、艾滋病预防项目经理，2004年4月至今
冯明玲	乐施会农村生计项目经理，2006年7月至今

王迪民，1996年2月加入乐施会，历任乐施会昆明办公室经理、中国部行政及财务统筹。现任中国部项目及行政合规统筹，属于“明星级”员工。

人车相伴二十年
——徐师访谈

刘曙光

见到徐师时，知道他周末又要下乡。办公室前停的机构专用车洗刷一新，也预示着这对人车搭档又整装待发了。

看着这辆周身光洁如银的越野吉普，很难想象它有20年行走山野乡间，在云贵高原上来回颠簸了近45万公里的经历。在最近的一次出行中，同行的轻型新汽车爬坡时黑烟缭绕，而它仍然若无其事地前行，坚守着20年来不冒黑烟的承诺。

下乡归来。

创造这个奇迹的，就是它的“主人”——徐庆平师傅，乐施会在内地最资深的工作者。

徐师是1991年来乐施会工作的。那时他的正式身份是昆明市外经委派驻乐施会人员。此前他也受外经委指派协助另一个国际NGO——美国凯尔在云南开展扶贫工作。那年凯尔从中国撤出后，其在中国内地的扶贫工作由乐施会接手，徐师也成为乐施会在内地的首位专业司机。如今，这辆车伴随他走过了人生最宝贵的20年，而且还将继续走下去。

说起车的来历，徐师如数家珍般道出了当时的一个个场景。

那时昆明办刚成立不久，而下乡工作日益频繁，需要有专车，既便利又节省。可机构的车辆采购要从香港总部进口，深圳入关。为了办免税，当时还要由云南省外经委申请，云南省政府批准才可以。“这主要是鉴于乐施会在内地所做的工作，政府予以肯定。”徐师还清楚记得这辆车享受零关税后的采购价是22.02万港币，“按当时的汇率折合成人民币差不多是15万元，而如果走市价则要48万元。这在当时是笔很大的费用了，所以我自始就很珍惜它。”

事实也是如此。在徐师心目中，他把这辆车当自己的子女一样对待，从接车那一刻开始，直至今日。

他还清楚地记得20年前，在深圳接车，大年三十赶回昆明跟家人团聚的场景。那时的海关有不少潜规则，等到徐师通过种种努力接到车，已是腊月二十八的下午五点。尽管当时归心似箭，但是深谙车道的他开始并没有一味赶路，而是从熟悉新车的性能和脾气开始。“新车跟小孩一样，需要给予特别的关照；一不小心，就可能出问题。所以从深圳到昆明的近3 000公里，我都开得比较稳，尽管归心似箭。”按徐师的经验，新车一般都有个2 000公里的磨合期，过了磨合期就知道没什么问题了，车的性能也比较清楚了。

可是这时已是腊月二十九的凌晨4点多，饥饿与疲劳都接近极点，于是徐师在两广交界点的一个小店连带吃了早餐和午饭，稍事休息后继续赶路。“一直到大年三十的中午时分，我们才赶到云南富宁，想找个店吃口饭再赶回去跟家人团圆。”徐师对当时在那个壮族家庭里吃年饭的情形记忆犹新：“店主人一家也正准备吃团圆饭，刚放了一挂200响的鞭炮，我们道明来意，并给他们拜早年。主人一家十分高兴，热情邀请我们一起吃年夜饭。吃完饭大概是晚上7点半，想着跟家人团圆，我们婉谢店主的好意，又继续上路了。”尽管如此，徐师到家已是1993年正月初一的凌晨1点半了。“那时正巧，家人好像有预感，妻女刚从岳父母家守岁回来。这样我们一家人终于赶上了团圆。”其实在乐施会以后开车的日子里，因为下乡深夜才赶回的情况，对徐师来说差不多是家常便饭了。因此，徐师至今仍为自己在女儿最需要关心的时候没有尽到父亲应有的职责而深深抱愧。

到家的徐师并没有清闲下来。他首先想到的是要对新车进行保养。“一般认为新车跑完5 000公里就要进行保养，之后就可以再延长8 000公里做第二次保养。但我的经验是，最合理的保养应该在2 500公里，把清洗和润滑做好，重视例保，就可以延长使用年限。”特别是头两年，徐师经常留意各个部位，把车的属性摸得一清二楚。在每次出行时，他都会根据当地的海拔高度、空气的含氧量对发动机等进行调整，使车况达到最佳。正是在这种精心呵护下，这辆车才奇迹般地坚守岗位20年，完成了45 万公里的行程（正常使用限度是15万公里左右）。也正因对车的熟悉，遇到需要修理时，必须有徐师亲手指导，修理商才肯处理。“他们还不断抱怨：哪里来的老古董？早该报废了。我就笑着说，现在给你们一个参与创造奇迹的机会，可要珍惜啊。”

1994年乐施会项目——禄劝龙潭山小学改造完工验收仪式上，苗族姑娘敬献牛角酒。

这20年里，徐师先后送数百名机构工作人员下乡访点，参加大小不计其数的救灾抢险、灾后重建的工作。“我从来不把自己仅仅定位为一个开车的司机，而是同项目人员一样参与农村扶贫与发展工作。我们只是分工不同，做的事却是一致的。”这也许是支撑他十多年如一日，在平凡的岗位上兢兢业业工作的最终动力所在吧。其实徐师这么多年来行走乡间，参加机构在西南的各个项目活动，他应该是极为了解民间疾苦的，对机构理念和办事风格的变迁，也是感受很深的。坐过他车的同事，不难感受到他对西南农村问题有着自己独到而深刻的理解，不过他却谦虚而低调：“我不过是多走了几里路，多看了几个（项目）点罢了。这么多年跟机构不同的同事相处，让我感受到，与人共事，最重要的是包容和理解。”

如今的徐师尽管已年过不惑，但仍满头青丝，精神饱满，激情不减当年。“‘助人自助’嘛，在机构的这些年里，看到一些贫困农民因我们的努力工作而改善生计，我内心觉得很踏实。”

“老伙计，我还没有退休，你也不能退啊。”徐师抚摸着搭档由衷地说，让人感佩而羡慕。

刘曙光，2007年8月加入乐施会，历任媒体及出版项目干事、传播官员等职。2010年5月离开。

我在国际民间组织的岁月

廖洪涛

屈指一算，自己从事NGO的工作已经将近13年了。从2002年3月我第一次加入乐施会工作至今刚好9年了。不如就来一篇大杂烩吧，把10多年来在国际民间组织工作中的一些片断和感受写出来与大家分享。

求职篇

从没想到病急乱投医的一封求职信会彻底改变我人到中年后的轨迹。

话说1998年秋际，当我在香港大学熬了4年，总算把博士论文完成后，开始找工作。虽然向各行各业投了几十封求职信，然而，当时香港正处于亚洲金融风暴的风眼中心，市面一片狼藉。尽管我自认为不拘何种行业，但求一职而已，却没想到情况糟到求职半年，竟然连一次面试的机会都没有！以至于有一天，我在和导师讨论我拿到博士学位后的去向时，我半开玩笑地对他说，我搞不好可能要去申请“大楼看更”（保安员），至少我当过兵，还有一点儿竞争优势吧。假如哪一天他在某个地方看到我当保安时，我一定不会当面叫他“老师”，以免让人知道他成为全香港第一个培养出博士保安员的导师！这里没有丝毫贬低保安员的意思，只是反映当时香港就业不景气的状况。

正当处在走投无路的时候，我在报纸角落发现一个只有火柴盒大小的招聘广告，是国际 NGO“中国绿色和平”在香港招聘“Campaigner”岗位。

尽管当时我对NGO的认识只局限于20世纪90年代初作为广东省环保局干部应邀到美国访问时，到过几个当地环保NGO的走马观花式的访谈；对绿色和平的印象也只在电视上看到他们不停在南太平洋上与日本捕鲸船做“鸡蛋碰石头”式的抗议行动；对所招聘的“Campaigner”岗位更是一无所知（时至今日，我还是找不到合适的中文词汇对Campaigner进行翻译）；但抱着“死马当活马医”的心态，我还是赶在招聘截止日期当天把求职信传过去试试。

作者在项目访点路上。

没想到投了求职信的第二天就收到时任中国绿色和平总干事亲自打来的电话邀请我去面试。经过一个月内数次面试，我这个一无NGO背景、二无社会活动经验的人到中年的申请者被录为当时中国绿色和平仅有的三个Campaigners之一。回想起来，也许我在内地多年的工作经验，尤其是在环保领域的经历是我被破格录用的主要原因吧。

在1998年10~12月三个月间，年近不惑之年的我经历了几件人生大事：通过博士学位论文答辩；孩子出生；半路出家找到第一个在国际NGO工作的职位。

绿色岁月篇

在绿色和平期间，赶鸭子上架，我边学边干，第一个月便参加了涉及跨国有毒废物转移的珠江三角洲拆船业对环境和工人影响的个案，并先后参加过与粤港跨境环境管理有关的向海洋倾倒毒泥、东江污染和国际电子废物转移等工作，还参与香港本地的反焚化炉和推动循环再造工业的绿领等项目。应该说，回归后的香港特区，在环保议题上，民间组织还是有一定影响力和工作空间的。至少在我直接参与的几个环保问题以及另一个当时香港本地很热门的“朗原事件”中，民间环保组织都扮演了至关重要的角色。这也是我第一次亲身体会到民间社会也能对环保问题产生直接和实质的影响。

一个典型的成功案例是制止香港九号货柜码头工程向内地海域非法倾倒有毒污泥的个案。2000 年 8 月，在接到一位香港市民向绿色和平揭露有香港工程公司向内地南海海域倾倒有毒污泥后，我们进行了一系列调查，包括到九号码头工程现场取证，到香港环保署翻阅相关文件，以及分析国际、中国内地及中国香港有关的法律。结果我们发现，承建香港九号货柜码头的一家韩国工程公司为了逃避支付在香港处理几百万立方米有毒污泥的成本（合约 5 亿港元），以非法手段向内地某部门取得在内地倾倒有毒污泥的许可证。而香港环保署也违反有关控制跨境污染转移的国际公约，向这家韩国工程公司发出许可证。为了尽快制止这个对南海环境和渔场灾难性的污染，我们一方面紧急向内地有关省市政府、环保部门和人大代表通报情况，请求他们取消在内地倾倒有毒污泥的许可证；另一方面召开新闻发布会，公布这个跨境污染丑闻，并多次与志愿者们登上挖泥船阻止有毒污泥装船运走。经过多番努力，香港环保署终于取消了这家工程公司的跨境污染转移许可证，要求他们按香港法律在香港海域妥善处理这些有毒污泥。在 2001 年 3 月全国开两会时，20 多名全国人大代表联名提案，要求有关部门从中吸取教训，并追究责任人。

由 1998 年底到 2002 年初，我在绿色和平已工作了三年多。然而，在高强度地连续参与一系列环保运动之后，虽然有了一些工作满足感，并从各种环保个案、项目和工作方法中学到了各种经验教训，很好地提升了自己的能力，甚至工作岗位也在 2001 年从普通的项目干事晋升为项目总监，但新的困惑也不停地在我心中增长：如果说 Campaign 这种工作方法在环保问题上能产生有效和实质的改变，为何不尝试在别的社会议题，例如扶贫领域，采用这一方法？另一方面，绿色和平在环保 Campaign 上固然“炉火纯青”了，但总给人感觉是在孤芳自赏，很难和其他相关团体建立长久的合作伙伴关系。在利益日益分化的现代中国社会里，贫困和弱势社群往往是各种社会问题（包括环保问题）最大和最容易受害的群体，而绿色和平由于各种限制，很难专门将关注贫困和弱势社群定位为自己的使命。

这样一来，我毫不犹豫地将以“助人自助，对抗贫穷”为使命、以“以权为本”为理念的乐施会作为下一步职业发展的选择。2002 年初，当得知乐施会在招聘“中国项目副经理”时，我很快就交了求职信。经过几个月的面试，我终于被录用，并被安排分管西北农村灾害管理、劳工和艾滋病等项目。

震撼篇

尽管我于20世纪60年代出生于当年朝廷流放重犯的南蛮荒凉之地雷州半岛；在70年代上山下乡当知青时亲身体会到农民一年四季不停劳作之苦；在90年代到叶剑英故乡梅州当扶贫工作队副队长时目睹广东山区的贫困；也对进入21世纪的现代中国的农村贫困问题有足够的书面上的了解，但来到乐施会后亲身访点时，我还经常被一些观察到的贫困状况所震撼。

2002年4月，我到乐施会后的第一次访点，就是到甘肃。尽管已是“阳春三月”了，但在黄土高原上见不到丝毫的绿色，甚至驱车数十公里山路，见不到一棵

广西马山项目访点。

树木。当走访一家家散布在山梁沟谷中的贫困农户时，你会发现他们除了不缺土之外，缺少所有人类生存的必需条件：没有水，没有树，没有草，没有燃料，没有道路……除了感叹中国人民的适应能力强大到可以在这样恶劣的自然环境中生存之外，我更体会到历史和自然给西北贫困社群带来了多么不公平的生存和发展条件。

如果说西北贫困主要由恶劣的生态环境所导致，那么由社会问题带来的贫困更是让人深感痛苦。2002 年夏天，我有难得的机会和合作伙伴到中原某县探访因卖血而感染艾滋病的贫困社区。当时这一带艾滋病的发病率和死亡率已经非常高。走在深受艾滋病肆虐的村庄里，一座座用廉价卖血换来的房子里可以说是家徒四壁，一无所有。村庄外的田野中，一座座黄土新坟，埋的十有八九是近年因艾滋病发病而死亡的村民。村里的青壮年们，一半以上都因卖血而感染了艾滋病，要么已经发病死亡，要么正处于发病期而又缺医少药，挣扎在死亡线上。村里本应享受天伦的老人们，却要么是白发人送黑发人；要么绝望地照顾感染了艾滋病的儿子、媳妇、女儿、女婿们，还要挑起农活的重担，为全家从地里扒拉活命的口粮和救命的医药费。本应天真活泼的村童们，有些早就失去父母，只能与年老的爷爷奶奶相依为命，有些因母婴传播也感染了艾滋病，骨瘦如柴，从没享受过童年的欢乐……看到这些，我心如刀割，止不住泪流如注。

走在其他西部省份，如云南、贵州、广西、陕西、内蒙古等，都能深深地感受到各种各样贫困的阴影还笼罩在祖国的土地上，很多贫困和弱势社群还无法从中国30年的经济迅速增长中获得改善生存和发展的机会。相反，有时候弱势社群还要面对新的贫困，新的不公平……

然而，人性的善良和坚毅也使我产生很多震撼。2006 年冬天，我和同事们到中国最贫困的地区之一，也是乐施会在内地最早的农村社区长期扶贫点之一（从 1991

年开始）贵州威宁石门坎乡访点。在那里，可以看到 3 个外国人的坟墓。第一个是来自英国的伯格里牧师，他 1905 年就来到石门坎，在那里一待就是十多年，不但学会了苗语，还帮助苗族同胞整理出苗族文字，被苗胞称为“苗族之父”。他在石门坎兴办学校，教育苗族孩子，学校还兴建了游泳池和足球场，培育了一大批苗族知识分子和人才。石门坎学校也被称为苗乡第一学校。伯格里最后在石门坎感染了伤寒而长眠在苗乡。第二个也是来自英国的牧师——高志华，他在伯格里死后来到石门坎，1935 年为了保护学生而被土匪杀害。第三个是乐施会在中国内地的首任代表费立波先生（Phillip John Bennoun）。他是澳大利亚人，说一口流利的普通话。他在云南和贵州的贫困农村从事了近十年的扶贫工作。1994 年，费立波不幸因病去世，时年未满 40 岁。按照他的遗愿，他的家人将他的骨灰分成四份，一份撒入南太平洋，另外三份分别安葬在云南禄劝县的龙潭山村、云南澜沧县的大寨村以及贵州威宁县的石门坎乡。这三个社区都是乐施会在内地最早的农村发展项目点，也是他曾经工作过的地方。这些人将自己的生命和最后的痕迹留在了中国贫瘠的土地上。

在石门坎一个偏远贫困的地方，可以看到当地苗胞物质贫乏和精神充实的现状和历程，可以看到 100 多年来古今中外人类互助发展的纠结。让人感慨，也让人反思。

我们都明白，单靠乐施会和民间扶贫组织不可能完全来解决这些贫困问题。我们相信和寄希望于党和政府有使命、有能力、有责任、有决心和人民群众一起来面对和解决全国贫困问题。事实上，近几年来中央政府多次加大力度来解决贫困农村所面临的政策和资源分配问题：先是全面取消农业税和农业特产税，以减轻农民负担；然后实施“两免一补”政策，免除农村学生学费；推广新型农村合作医疗试点等。以艾滋病防治为例，近几年来，国务院总理温家宝和国务院前副总理吴仪多次到卖血感染艾滋病的贫困社区探访，政府对这些贫困社群的帮助力度也有所加大。国际社会对中国的扶贫机制和成效也越来越认可。

参加乐施毅行者途中。

虽然如此，由于中国社会和自然条

件的差异和限制，要全面消除贫困问题是一个漫长的过程。然而我们坚信，乐施会这样的民间扶贫组织参与这个过程对解决中国的贫困问题是有积极和建设性贡献的。

转变篇

自2002年加入乐施会后，我个人的工作岗位和乐施会在中国的发展先后发生了一些重大变化。

乐施会在2002年开始在内部两方面进行讨论，这些讨论对未来机构在中国扶贫工作的发展策略产生了重大影响：一方面是对当时的中国项目策略规划进行中期评估；另一方面是整个乐施会如何制定机构在内地的发展策略。这两个发展策略的集体讨论产生了很多建设性和前瞻性决定。其中在项目方面，由原来的按地域管理转为按主题管理，以便加强项目团队的专业能力；在机构层面，决定成立中国部，由原来只有项目和财务功能的中国团队，扩充到包括传播、研究、倡导、人力资源等综合功能的团队。

然而在2003年春，当我刚刚开始参与乐施会讨论制定机构发展策略之际，正处于向内地大力推展环保Campaign项目的中国绿色和平在招聘新一任总干事时遇到困难，大半年都招不到合适的人选。为了支持这个有朝气、有创意、敢作敢为的国际民间环保组织顺利向中国内地发展，经过一番自我挣扎之后，我毛遂自荐，经过几轮面试后，终被任命为中国绿色和平的总干事。

在担任绿色和平总干事的两年多时间里，虽然曾遇过不同的挑战，如刚上任就遇到沙士危机，在绿色和平中国办公室所在地香港、广东和北京等地当时都处于极度严峻状态，随后绿色和平的一些环保Campaign因触及到某些跨国公司的不法利益而被中伤诬陷等，但在整个团队的齐心协力下，都一一迎刃而解。

2005年，在和绿色和平一起度过在内地发展的最关键时期之后，又逢乐施会招聘新成立的中国部总监，梅开二度的我，终于经过公开面试，再次回到了北角马宝道的乐施会办公室。

2005年之后的中国部，经历了一系列重大发展过程。

团队和人员方面：新建了研究、传播、人力资源等团队；总员工人数增加了近一倍；总预算也增加了50%。

项目策略规划方面：在2006年初的中国部会议上，讨论通过了新的6年项目策略规划；随后逐步增加了新的工作领域，如发展教育、企业社会责任和公平贸易等。

制度建设方面：先后完善了财务和行政、人力资源、项目管理手册等。

能力建设方面：几年内在中国部和各团队举行的集体学习培训超过20次。比过去15年中国团队举行的培训总数还要多。

最关键的是，在最近两年中，整个中国部团队团结一致，共同迎接了几次重大挑战，其中最典型的是汶川大地震的紧急救援和重建工作。

2008 年“5・12”汶川大地震发生之后，中国部团队在总部的有力支持下，积极与灾区的各级政府、NGO 和受灾群众密切合作，迅速实施了乐施会有史以来最大规模的紧急救援工作。在一个半月之内，完成 2 000 万元人民币的救援物资采购运送和派发，预计四川、甘肃和陕西三省灾区的总受益人群达 30 万人次。由于乐施会原来在四川并没有项目团队，因此从其他团队抽调到四川灾区参加救援工作的人员达 40 人次。

随后，乐施会又和国务院扶贫办外资项目管理中心和国际扶贫中心签订贫困灾区灾后重建合作框架协议，在未来3到5年内由乐施会与四川，甘肃和陕西三省扶贫办系统合作，提供8 000万元人民币项目资金，参加80个贫困村的灾后重建工作。

未来篇

自2002年3月第一次加入乐施会到现在9年多时间里，我有幸见证并参与了机构逐步“中国化”的发展过程：2003年以前，只有一个“中国项目团队”隶属于当时的“项目部”；2004~2005年开始设立“中国部”；2008年机构决定要将政策倡导与公共传播总监岗位常驻北京；2009年决定要将机构改名为“Oxfam China”。2011年4月1日开始，机构在内地开展工作的部门将从原来的只有一个中国部，转变为同时有中国项目部，政策倡导部，财务部，以及人力资源和行政部等多个部门共同进行……这些转变，体现了乐施会作为一个国际民间组织“与时俱进”，与中国共同成长。

与此同时，我也体会到机构越来越“国际化”。以往在内地工作的唯一重点就是如何做好在内地城乡的扶贫救援项目，充其量逐步做更多的政策研究与倡导工作。但是随着中国的国际影响力越来越大，其对世界（特别是发展中国家）的扶贫与发展的作用已经不可忽视。作为一个专注扶贫与发展的国际NGO，一方面要与其他可能受中国企业投资或援助影响的贫困社区共同工作，尽量减少这些投资或援助对贫困社群的负面影响；另一方面，更要积极主动地把机构在世界各地的国际扶贫经验与政府部门交流，尽力为中国建立成负责任的世界大国作出建设性努力。这也是从另一角度与国家共同成长。

对我而言，最关注的挑战是双方面的：一方面，如何让总部和海外员工更加了解国情，以便因地制宜、因时制宜地制定机构策略目标和工作计划及方法，更好地在中国和海外开展有效的工作；另一方面，如何让长期专注从事内地扶贫救援项目的中国部员工，在继续把现在的社区项目做得更好的同时，具备更广阔的国际视野，更清晰地理解机构的国际扶贫使命和目标，培养更强的综合工作能力。要超越这些内外挑战，需要我们具有更开阔的心态，更强的学习能力，边干边学边提升自己和团队的能力和成就感。

乐施会作为一个扶贫和发展民间组织，当我们努力推动社会不停完善的时候，我们也必须对机构面临的重大问题和挑战有所了解和认识，通过反思和改善来提高自己的能力、责任和公信力。

我曾在不同的场合与我们的同事一起讨论过目前中国部团队面临的挑战和内部短板问题。在纪念乐施会在中国开展扶贫工作20周年的时候，我愿意抛砖引玉，与大家探讨如何共同长期努力，一起面对这些挑战，完善我们的短板，以便我们可以更好地完成参与推动扶贫和发展的使命。

概括而言，我们面临的各种内外部挑战和困难主要包括：

（1）扶贫和发展领域广泛，令中国部在数目众多和难度很大的各种项目、主题、地域开展工作。是否应该及如何扬长避短，不做“万金油”，而是更有效地集中精力来做好某几类扶贫工作？

（2）如何应对和改善目前社会上对民间组织参与内地扶贫和发展工作的一些不理解或甚至误解？如何与其他相关群体一起共同努力改善民间组织面临的“先天不足，后天失调”的状况？

（3）如何完善乐施会的非传统工作手法：既不是自己操作型，也非典型的“基金会型”，而是与合作伙伴一起实施项目？如何协调与合作伙伴、受益群体和其他相关利益群体的关系？

（4）相对于中国部庞大的扶贫和发展目标，如何有效地加强我们团队成员和合作伙伴的能力？如何更有效地凝聚中国部这些快速增长但差异巨大（背景、视野、理念、兴趣、经验、功能、认同感、责任感）的团队和成员？

项目访问——剑川。

（5）如何提高乐施会的责任制和公信力，成为公民社会的楷模？如何平衡如下理念和实际操作：理想目标与实际工作效果，多元化理念与团队集体目标及凝聚力的建立，结果优先与过程公平，参与式管理与效率管理，信任与制度监督等？

（6）如何建立和实施更有效的项目成效评估和问责制度？

要解决这些挑战和困难绝非易事，亦非短期内可以找到所有答案并一劳永逸。这需要我们具备充分的自我反省、承认问题、批评和自我批评、开放学习和不停完善的态度和决心，更需要我们建立积极寻找建设性方案和共识而非空谈的机构文化氛围。

当然，每一个团队成员都应该提高完成本岗位工作所需要的专业知识和工作技能，并在本职完善如下能力：综合平衡管理与短板管理的能力；预计、发现和解决关键问题的能力；自我反省批评和继续学习的能力；解决工作压力问题的能力；人际沟通和团队合作的能力。

简而言之，建立一个使命感强、热情高、要求严、有策略、能力强、重执行、有威信的中国部团队是我们的共同任务，也是实现机构扶贫和发展目标的关键。

希望将来在纪念乐施会在中国扶贫30周年的时候，我们可以自豪地回忆起我们曾在乐施会的中国团队工作过，为推动社会公平发展而共同努力过！

（本文初稿写作于2008年2月，修订于2011年4月）

丽江十日的忆与思

马昆华

回忆要素

时间：1997年12月9~20日

地点：剑川、鹤庆、丽江、宁蒗

人员：云南省民委外资处高云明副处长，云南省扶贫办外资中心王智副主任，乐施会总部苏梅玲、冯锦霖，乐施会昆明办徐国伟、宋浩昆、胡岗、向跃平、徐庆平、戴聪、孙云雁、马昆华等。

背景链接

1996年2月3日，云南省丽江地区发生强烈地震，乐施会与云南省民委合作，在丽江、剑川、宁蒗、中甸等受灾地区开展了紧急救援和灾后重建项目。次年12月，云南省民委、省扶贫办、省委组织部、乐施会一行十多人先后到剑川、丽江、宁蒗参与部分赈灾项目评估和财务复核工作，并在剑川及邻近的鹤庆县开展乐施会发展项目点考察工作。

行程回顾

坐在电脑前轻敲键盘，十年前丽江之行的一幕幕，又牵回了我的思绪……

9日，三车从昆明出发，傍晚到大理。洱海边气候暖湿，海棠早发，一路云蒸霞蔚，天边有火烧云，越发红染古城。晚与大理白族自治州扶贫办、政府接待处人员会面。

10日，跃平、国伟、锦霖先后飞至大理，与州政府人员会谈。午餐后四车前往剑川，17时抵达。19时与剑川县政府、民宗局、扶贫办人员座谈，并安排分组考察事宜。

11日，阴雨有雾，早餐后分组行动。A组赈灾项目评估，直驱丽江，与县民宗局人员会谈。B组发展项目点考察，到剑川石龙村、羊岭乡。

12日，A组驱车往丽江大东乡，霜冻路滑，无法前行，返民宗局复核账务。B组到剑川上兰乡，马登乡。

13日，A组到大东乡各村访户，沿途考察了四清沟水渠修复工程。B组从剑川到鹤庆的六合乡、黑水村访问。

大东乡在玉龙雪山深处，四清沟引山上雪水，一路依山势蜿蜒开凿而下，沿途解决该乡15个村的生产生活用水，山高涧深，有几处地势颇为险峻。一村民介绍说该水渠始建于四清运动时期，故名“四清沟”。过去由于条件限制，村民就地取材，多用山间草木石块作为开挖水沟的材料，常有不同程度的塌陷泄漏。以往每年都有村民因维护它而摔死、摔伤的。这次由乐施会资助、政府组织管理、村民投工投劳用“三面光”工程修复它。雪山冬月，泉响林幽，对面山头轰然有大石坠落，乡长催促快走，宋浩昆笑道：“不怕！我们是做好事的，石头不会砸我们！”这位乡长是县里派驻大东负责灾后重建工作的，快有一年没有回过家了。

14日，A组在大东乡各村访户。B组与鹤庆县委及县政府人员会谈后，赴丽江与A组会合。

15日，早晨驱车到大东乡，午餐后至金沙江边，弃车步行，顺江畔山路曲折而下，路窄石多，峭壁突兀，江心有旋流。至河滩，依次乘独木小舟到对岸宁蒗县。到岸后复沿山路而上，坡陡路滑。同行的冉龙刚副县长介绍说，这里气候干热，常缺水，因崖高山陡，在山上眼巴巴地望着滔滔江水，就是吃不到。爬上灌木丛生的山头，又下行六七里，是一段用公分石新铺就的崎岖狭长的山路，这时有马车来接，乘上马车，颠簸得厉害，骨架欲散。晚宿龙通乡政府，夜幕幽黑，繁星明灭，很冷。

16日，早晨很冷，有微风，山下的村庄沐浴在冬日金色的阳光里，晨烟四起，静谧安详。龙通乡杨秘书为我们指点四围景物，说某处是某处，有何特点。看着日头从东边缓缓移来，光色渐淡渐浅，渐浅渐亮，金橙交织，杨秘书自豪地说，这样的景致色彩在别处是难得一见的。当天在龙通乡复核账务；国伟、戴聪返昆。

作者（后排左一）与东乡农户合影。

17日，上午访问龙通小学，该小学是乐施会在龙通乡资助的重建项目之一。当天仅有一位男教师驻守学校，非常热情地向我们表达了他的欢迎和感激之意。小学生们开始还有些害羞，问及是否喜欢上学之类，点头笑而不语。稍后慢慢活泼起来，表示新建学校宽敞漂亮，比旧学校好。当时，抱着厚厚的学校完工验收资料，面对孩子们清澈闪亮的眼睛，我想，我们一定还能够做些什么的……下午顺来路渡江返回丽江。

18日，胡岗到老纸厂访问，其余人员整理手头报告后汇总，下午自由活动。

19日，上午在民宗局召开四县座谈会，下午从丽江发出，晚抵大理。

20日，大理返昆，一路心潮起伏。

我思我在

感谢我们的老徐师——徐庆平，为我提供了他珍贵的、保存完好的工作日志。

我想为大家呈现一名非项目人员首次参加项目活动的历程。当时我能体会到、思考到的东西或许还并不多。“我们是做好事的，石头不会砸我们。”浩昆说这话时，我是当玩笑听的，多年来，也听到不少项目同事有过类似的言辞。我知道，要去不同的项目点，常经过或进驻一些路况极险、环境极差的地方，充满险情的各类灾区就更不用说了。同事们多少都受到过不同程度的惊吓，而当事后提及，却又轻描淡写地一语带过，总是笑着说，因为做乐施会项目，所以能够逢凶化吉、遇难呈祥。在这些玩笑话的后面，我听到的是大家对乐施会宗旨和工作目标的认同和追求。

写这篇文章时，我原打算从尘封的项目档案中查找一些图片和数据。当打开库房检索时，意识到我所需要资料放在较深处，为避免兴师动众，我放弃了。这满屋子已关闭的项目文档整整齐齐地堆放着，它们大多数是经我的双手整理归档的。这么多年来，我们开展的项目越来越多，项目区域越来越广，这些资料点点滴滴记录着我们是怎样一路走来的。这次丽江赈灾项目，乐施会先后投入资金人民币1，200多万元，这些资金绝大部分都是从我手上一笔一笔拨付到项目点的。十多年来，经由我拨付到内地各地的项目款，平均每天就达十多万元。想到这里，我会心地笑了。

生命之源

时至今日，四清沟清亮的泉流、汩汩的泉声依然如在眼前、如萦耳畔……

水，我们的生命之源！大东乡人民为它付出了很多很多，他们面对困境的顽强乐观令人感动、催人奋进。在此，让我把下面这首词献给他们，献给为丽江的救援重建倾注了爱心和力量的人们，也献给二十年来同乐施会一起走过的广大朋友们！

念奴娇·四清沟

乐施会资助云南省丽江县大东乡纳西、壮、苗、汉各族村民积极修复毁于1996年2月3日强烈地震的“四清沟”水渠工程。该乡在玉龙雪山深处，四清沟引雪山水，顺山势蜿蜒开凿，惠及十五村。

一渠清冽，雪消融、流转玉龙山侧。幽谷云深连翠陌，一路珮环声急。地颤天昏，南塌北坼，刹那周遭黑。冰泉涌溢，不堪渗漏狼藉。

持斧直跨云霓，补天归去，零露沾衣湿。铁臂摇摇挥汗雨，润发青葱秀麦。活水斜来，炊烟直出，夕照飘村笛。又闻鸡犬，乐施共此春色！

马昆华，1996年8月加入乐施会至今，在昆明办公室先后从事行政、出纳、会计工作。其为人也，好读书，不求甚解；乐以忘忧，不知老之将至。

认识了乐施会，也认识了NGO

王云仙

认识Oxfam和认识乐施会是两个不同的时期。

1998~1999年间，我从事一个双边合作的综合扶贫项目工作，经常听有人提到乐施会在云南和贵州的农村社区发展项目。那时的同事还去考察过乐施会支持的农村社区基金的项目，学会了不少乐施会的社区发展做法。我当时很纳闷，这乐施会是哪个组织呀，后来看了乐施会的资料和年报，才知道就是香港的Oxfam。

Oxfam我是早就了解的。20世纪90年代初期，我在学习社会性别与发展的课程，就读过Oxfam有关这方面的培训材料，当时觉得是最系统、最实用的很受欢迎的参考资料。这些资料多数来自英国的Oxfam。有这样最初的好感，又有后来其他人对乐施会的评论，我自然是向往乐施会并把其作为首选。很荣幸机会来临，我在2000年底加入乐施会。

那时，“以权为本”的概念和方法刚刚为一些机构所采用，乐施会也在扶贫和发展工作中正式采用这一方法，但对大多数人来说，这是一个听上去“刺刺”的词，包括倡导、政策影响等。一个人的办公室（到 2003 年 8 月都是我一个人）在当时也属新鲜，初来乍到感到自己责任重大，心里也嘀咕乐施会的这个工作可不好做。

设立办公室、购买办公家具，都要价廉物美。租的房子，原先与香港总部的上司电邮沟通，已确定总额，后来要求房东增加某些设施，房东因此要求每月房租增加 50 元，我以为自己有权来决定这样的小调整，为此却挨了上司的剋，被质问为什么前后不一致。这就是 NGO 的做事方式。乐施会对自身的员工和对合作伙伴运用基本一致的财务标准，如出差住宿伙食都节俭从事，甚至比对合作伙伴的要求还严格。即使是一个人的办公室，一小时的请假也都记录在案；招待合作伙伴工作餐，必须在单据后面写上就餐人员名单和讨论事项；打的必须注明起始点和外出事由。这些或许会被人们认为效率低下，但在一个公众筹款的机构，资金如何使用总是核心问题。内地很多人对捐款的理解，可能停留在原先单位组织的并非自愿的摊派式捐款，也以为像乐施会这样的机构，捐赠者一定是企业家或有钱人。但事实上，乐

2000年12月与乐施会中国部同事在一起。

施会的多数捐赠者是普通的工薪收入者。在不少项目访点中，我们都会遇到所服务的社区群众表达对乐施会和员工的感谢之情，而他们真正应该感谢的是大量的普通捐赠者和志愿者。

一个让我感动的故事来自我们的筹款部。一位拿综援（类似低保）的妇女，在香港经济萧条的年份在街头拿出20元港币买了一包乐施米，以表达她对抵抗贫困的支持，自身的经历使得她更理解贫困意味着什么和获得他人支持的重要。这就是为什么在新世纪初香港经济不景气的状况下，乐施会的筹款额却每年都在增长。乐施会的志愿者，包括董事会成员，提供志愿服务或海外考察项目时都是自己出车费、买飞机票，并不像很多人理解的那样，以为作为志愿者，起码食宿交通费不需要自己出。这些都让我很感动，我也努力让我们的项目合作伙伴了解我们的资金来源。当合作伙伴了解到香港的普通工薪收入者是乐施会的主要捐款者，他们也就比较容易理解相对严格的财务要求了。

应该说，在乐施会的工作是我从事的第一份真正的NGO工作，也有机会与更多的NGO合作。在加入乐施会以前，我对NGO的认识是很表面的。自从加入乐施会，我才真正体会和认识到NGO是什么，为什么而存在，如何开展服务，如何管理，也认识到NGO的专业性和严谨程度。在乐施会工作，虽然工作负担较重，但同事之间比较坦诚，有任何问题都是直接沟通，理念比较一致，关系比较和谐，因此精神上很满足，能够平和地看待物质需求和周围快速发生的变化，幸福感较强一些，也能平等地、以多元化的视角对待不同阶层和背景的人员。

王云仙，2000年12月加入乐施会，作为中国项目官员从事北京项目办公室的项目发展，后升任乐施会中国部项目经理，负责城市生计、性别平等和公民社会发展工作，直至2010年2月。1998~1999年曾在安徽霍山中荷扶贫项目任社会性别与发展专家（Gender and Development Specialist），在基层开展社区扶贫和性别平等与发展项目。在完成其农村发展与规划的硕士和哲学博士学位前，曾经在上海社会科学院和亚洲理工学院开展农村发展和性别平等的研究工作。

我在乐施会学到的和反思的

毛刚强

如果愿意学习，在乐施会，我们可以学到很多东西。这些东西，会成为我们成长经历中非常重要的一部分，哪怕曾经让我们倍感痛苦。

2004年，我负责一个有关生态补偿的项目。项目在黔东南某县，模拟“生态补偿基金”的方式，设计一笔资金，投放到社区，社区可以自己讨论怎么用这笔钱，以改善生计的方式解决因环境保护使社区自然资源使用受到限制，从而带来生计困难的问题。项目的合作伙伴有着十分丰富的社区工作经验。

项目在社区的操作是这样的：社区分成若干组，每组8户。每组将分到的钱买两头牛，每户就有了“一条牛腿”。以前每户不管牛有多少，都需要一个人放牛，既浪费劳动力，又不利于社区的合作。合作伙伴做大量工作，推动社区组织起来，每户的牛及作为“公共”财产的牛合在一起放，八户轮流，每户一周轮不到一天。看起来这是社区组织建设的好事情，我也为项目可能的成果高兴。

但在社区访谈之后，我发现了一个问题。有些人家一家就有好几头牛，而有些人家连根牛毛都没有。成立放牛合作小组，每户都有“一条牛腿”长在公共的牛身上，有好几头牛的人家一个月只需要出工四天左右，而只有一条牛腿长在公共的牛身上的农户一月也得要出工四天。社区内部的协议还规定，如果谁在放牧的时候不小心，有摔伤摔死的情况，放牧者得按价赔偿。

我非常认同乐施会的理念，它是要和最贫困的人士一起寻找解决贫困问题的最终道路。但最贫困的人群在这个项目中是什么角色呢？我开始有了惶恐和不安：在合作的过程中，最穷的人的劳动力被富有的人无偿占有了，并且因“合作”而增加了他们生产生活的风险。这不是我希望看到的，也不是乐施会所希望的。我和当地社区的农户做了很多沟通，寻求解决之道。但我的意见没有被采纳，项目还是按照已经订立的规则运作下去。

项目照此进行下去，我们谁也不能承担项目的可能后果。从此我对任何理念和方法的推广都开始有了谨慎的目光。我知道自己还需要更多的时间去了解乡村社会内部运行的逻辑，只有在理解乡村的基础上才有推动贫困真正改善的可能性。也从此开始,我对社区参与的“实质性”和“有效性”开始有了思考,对“放权社区组织”与“赋权最弱势人群”开始有了对比性的理解，对强者主导的“合作”也开始审慎地看待了。

这个项目使我开始了反思。越来越多类似的问题出现在不同机构的不同项目中，它们不断地冲击着我，让我痛苦着成长，并如饥似渴地学习，理解中国的乡村社会和中国农村的贫困。我逐渐产生走出乐施会，寻找另一条乡村发展道路的想法。2006 年春，我离开乐施会，和同仁一起创建了一个专门研究、推动贫困乡村通过组织化建设进行发展及开展反贫困工作的团队。团队得到乐施会的支持并成为乐施会的合作伙伴，站在乐施会外和乐施会一起讨论并寻求发展工作的各种可能道路。

毛刚强，男，贵州省绥阳县人，生于1970年。2002年5月~2006年3月任职乐施会中国项目部灾害管理项目官员。曾任贵州财经学院贵州乡村善治研究中心主任，贵州发展论坛协调人。现任贵州社区建设与乡村治理促进会法人代表。

我和乐施毅行者

刘 盛

2006年11月10日到12日，我参加了香港乐施会主办的“乐施毅行者”活动。“毅行者”是一项讲求体力和意志的长途步行筹款活动，参加者必须有强健的体魄及足够的训练，于48小时内横越100公里麦理浩径。我们团队一行4人（3男1女）用了45小时39分钟走完全程。这是乐施会在内地的工作人员第一次组队成功走完全程，虽然用时很长。在这之前，乐施会内地员工也有参加毅行者的，但都是个人走完（毅行者注重团队4人一起成功走完），2006年是第一次，恰逢毅行者举办第25周年，特别有意义。

我们不累。

这是我第一次不间断连续行走100公里。距今为止，乐施会内地员工参加过毅行者活动的不到10人。因为参加毅行者的一切费用都须自理，还要交报名费，并且需要向乐施会承诺筹集6 000港币以上的善款，这是报名的前提。作为乐施会的员工，这些要求和其他人一样，唯一的“好处”可能就是在抽签的时候机会增多（每年报名参加毅行者的人太多，而麦理浩径的容量有限，所以必须通过抽签摇号的方式确认是否有参加的资格）。对于我们内地员工来说，去香港的路费、住宿费加上需要筹集的善款要求，都不是一个小的数字，而且在48小时内走100公里确实是极大的体力和毅力的挑战，所以参加者不多。

从2006年8月中旬确认参加毅行者活动，到2006年11月参加活动，我们的准备时间只有短短的3个月，开始有针对性地训练、办理港澳通行证、准备徒步物资等。由于对毅行者缺少足够的认识，我们训练得并不多，也恰恰是“轻敌”的缘故，我们在徒步的过程中非常辛苦。对于我们团队来说，最大的障碍就是脚长水泡，在第一段路程（10公里左右），我们有一个队员开始长水泡；到第5站，已经有3个人长水泡，而我在最后阶段，虽然没有长水泡，但是严重的睡眠不足，对我们团队来说更加辛苦。连续45个小时没有睡觉，并不是不想睡觉，或者活动要求不能睡觉，而是时间根本就不够，如果睡觉，就不可能在48小时内走完全程。

毅行者并不是体能比赛，而是毅力的自我挑战，也是团队精神的展现。试想每个人的步法都不一致，行走习惯和风格不一样，如果没有团队的互相鼓励和步调的妥协，最终只会有个人的成功，而不是团队4个人共同完成。

乐施会倡导"助人自助"，不由让我想起2006年毅行者的主题"地球天天转，信念没有变"。参加毅行者需要面对艰巨的挑战，以坚毅的意志面对100公里的麦理浩径，而参加者所付出的努力，将有助于乐施会筹募善款，以推行各项发展和人道救援工作。正是由于这个原因，每年才吸引着众多的香港市民报名，其中外籍人士占据很大比例。这甚至成为香港的一大盛事。

2006年参加"毅行者"，让我这个项目人员感受到自己机构强大的筹款能力，也看到了筹款的不易。我们在内地的每年达6 000万元的资金就是这样筹集来的。听说"毅行者"平均每年有6万多人支持，其中有4 000多名参加者、4 000多名支援者、还有高达50 000名的捐款者。骄傲的背后，是我们对美好生活的追求，以及与贫穷人士一起面对贫穷的信念。我也一直要求自己：珍惜每一份善款，把钱用到最需要的地方。

今年，我依然报名参加毅行者。我们的目标是36个小时走完100公里，因为想再次感受毅行者，也因为想超越自我！

（本文写作于2007年。）

刘盛，生于1983年，湖南株洲人。性格外向，有点中庸。最大的梦想：每天活在希望之中。2002年在中南林业科技大学就读农林经济管理专业。2006年7月大学毕业，加入乐施会环境与灾害团队，汶川地震后调任成都办灾后重建项目官员，直至2009年7月离开乐施会。

第二章 共同的理念
——合作伙伴与乐施会

我们眼中的“乐施会”人

陈红涛　秦　伟

与乐施会的工作团队初识，是两年前的事情。在一次会议中偶然与乐施会曾萌华女士结识，使我们有机会开始逐渐认识乐施会的工作人员，了解乐施会的工作团队和项目。

当我们了解到乐施会尤其积极开展灾难救援，并在救灾工作中及时响应，形成一套非常精细的工作方法时，我们表达了同业之间互相学习、共同合作的愿望。

本文作者陈红涛在项目合作会议上发言。

中国扶贫基金会和乐施会在开展救灾工作中，都需要地方救灾合作伙伴提供项目支持，因此，加强救灾合作伙伴对项目实施理念的认同，有助于加强项目实施各方的沟通与合作，提升紧急救援项目的及时性和有效性。

项目申请过程中的“乐施会”人

2005 年，我们开始与乐施会洽谈，争取合作开展灾害救助能力建设方面的培训项目，以基层救灾合作伙伴为对象，开展灾害救援与评估等领域的培训。

从建议书编写、初稿、再稿到定稿，这次项目申请的过程前后历经了几个月的时间。从把项目建议书提交给乐施会负责的项目干事，到项目审批、意见反馈，再提交给合规统筹、项目经理，最后提交给中国区总监，乐施会的救灾团队及时提供了中肯的修改意见和建议。经过一轮的项目审批流程，我们充分体会到乐施会“自下而上”的审批流程机制。尽管在这期间，我们见到了乐施会中国区总监和项目经理，他们也表示对这个项目赞同和支持，但乐施会的管理团队能充分尊重具体项目负责人的意见和权力，展示了平等、阳光的团队文化。

当然，项目的审批也让我们深刻体会到乐施会整个团队工作的严谨和认真。

项目建议书是经过多次修改才提交的，但反馈回来的项目建议书上有多处都用红色标注。当时我觉得修改也太细致了，觉得干大事要不拘小节，只要在关键环节上不出问题就可以了，但经过项目干事陆文波的修改和润色，项目建议书的确从逻辑关系和措辞上都有了很大改进。我内心不得不佩服文波一丝不苟的做事风格。

由于救灾任务繁忙，文波经常出差。下乡时收发邮件、接听电话都不方便，但她仍尽可能及时对项目建议书和预算进行反馈，很多邮件都是在晚上10点、11点左右草拟的。为确保我们能及时接收邮件，她还通过手机短信提醒。

像一般的项目申请一样，我们这次项目的申请和审批在预算编写上是讨论最多的。一方坚持机构项目审批预算标准，另一方从实际操作出发，双方在很多地方有争执和讨论。但我们的出发点是一致的——对每一笔捐赠负责，花好每一分钱。乐施会的项目预算标准相对较低，但双方能站在对方的立场上去想问题，问题就迎刃而解了。

培训项目的申请也得到了乐施会合规统筹、项目经理以及总监及时的意见和建议。因此，尽管这个项目定于2008年执行，但有这样认真细致的工作团队配合，我们对项目的预期效果还是非常有信心的！

“毅行者”中的“乐施会”人

“乐施毅行者”是香港规模最大且极具挑战性的远足筹款活动。

就何种模式更能够汇集民众的力量、更能普及公益理念，中国扶贫基金会（北

准备出发。

京）经历了很多的探讨和摸索，其间也多次对乐施会创建的一些品牌活动进行了解和学习。这次承蒙乐施会的邀请，我俩有幸于2007年11月参加毅行者活动，所感所想颇多，对乐施会也有了更深层次的了解。

以我们做扶贫工作的经验来看，对于任何一家公益组织的同仁来说，想要帮助弱势群体改善生存境况的热情和对这份事业的热情是做好工作的基础。这一点在乐施会同仁的身上得到深深的印证：在赴港行程启动之前，乐施会北京办事处的薛振冰、曾萌华等同仁不厌其烦，与我们多次深入沟通，发送活动相关材料，希望帮助我们尽可能多地掌握本次活动的相关信息。这个过程，让我们初步“见识”了乐施会的热情和“温度”。

到港之后，乐施会热情周到的接待工作，更是让我们有宾至如归的感觉。虽然从穿一身羽绒服、操一口京腔的北京，千里迢迢来到穿T恤衫、语言环境迥异的香港，但一周的活动过程中，我们没有一丝生分的感觉，似乎只是从北京的冬天来到北京的初夏，因为这里热情的温度和北京的初夏一样舒心、惬意。

中国扶贫基金会的同仁经常这样相互劝勉：空有对扶贫事业的热情，而不得做事之良方和要领，缺乏优秀的执行力，则会致使好的愿望结不出好的果子。

赴港之前我曾暗自想，如此大型活动，主办单位应该手忙脚乱地忙上好一阵子的。不料到港后意外地发现，直至实施前一天，活动总指挥还在谈笑风生地给我们深层次地介绍活动，全然看不出一丝的忙乱。在活动实施的两天里，我们所到之处的活动安排和工作场面都井然有序、十分顺畅。

在大型活动中如此有条不紊、从容不迫、工作高效，固然和乐施会多年来筹办类似活动积累下来的丰富工作经验和香港的城市节奏有关，但同时，这也充分体现了乐施会同仁在工作中表现出来的优秀执行力。如果没有这样的执行力，没有在每一次活动开始之前充分和周全的准备工作，相信毅行者活动很难取得今天的筹款成绩和品牌深入民心的效应。

毅行者这样一种模式的公益活动，对每个参加者的心理和生理都是一个巨大的考验，但它却又不仅仅是一项出于兴趣爱好的竞技比赛、极限挑战，它的成功之处是把慈善筹款与竞技、挑战完美地结合起来了。

活动要求报名的每个小组要完成一定的善款募集任务，才能获得报名资格，甚至在参赛人数众多的时候，晚到者还需要通过抽签才能确定是否有资格踏上起点。这样的要求看似给参与公益事业设置了一个高高的门槛，其实不然，这些要求反而激发了民众更强烈的愿望。

他们参与的过程，不光是在做一件善事，还包含着对自我的挑战和突破。“四人八腿一条心，毅行百里为扶贫”，这是乐施会毅行者再熟悉不过的口号。参加毅行者活动，首先是需要一定体能的，更为重要的是这是人与人之间情感的一次考验。

毅行者活动通过一条漫长的路线把鼓励、信任、包容、坚守等精神贯彻到底，树立起一个以一己之力难以企及的目标，然后要求每个小组的成员间互相配合，众志成城去完成这个目标。对于每一个毅行者来说，只有把个人融入团队，以小组为中心走向终点，才算是取得真正的成功。

在参与公益事业的同时，还伴随着对自我的认知、挑战和突破，以及团队合作理念的贯穿，这些正是毅行者活动不同于其他比赛的魅力所在。这种模式在满足了公益组织筹款诉求、倡导公益理念诉求的同时，也满足了民众渴望超越、不甘平淡的诉求。

在两天的活动里，3 000多名参赛者、几千名义工、几千名支援团队，林林总总万余人。这样一场声势浩大的活动完美呈现在我的眼前时，脑海里蹦出来的第一个词就是壮观。人多不一定是壮观，但是如此多的人自愿集结在一起，能如此井然有序、从容镇定，这就是壮观。

100 公里的漫长路程，不论是在起点，还是在中途各站以及终点，我们看到的都是神采奕奕的眼睛，洋溢着爱和温暖的笑脸，于是大家都“腰不酸了，背不疼了，腿不抽筋了，走路也更有劲儿了”。这是一种活力，乐施会 20 年的事业依旧葆有的一种活力，这种活力是相互感染的，也是相互鼓舞的。

毅行者起点的火爆场面，除了参赛者，很多亲友也来做拉拉队，提供各种支持。

陈红涛，中国扶贫基金会新长城项目部副主任。秦伟，史学硕士，曾为人民教师，后误打误撞进入扶贫领域，加入到中国扶贫基金会已7年有余，先后参与过中国扶贫基金会母婴项目、小额信贷项目；2003年以来，负责组织紧急救援项目的筹资与实施。

记忆中，给我震撼的子母山

谢丽华

我有幸接触香港乐施会是在1995年“世妇会”前后，但是给我留下深刻印象，甚至颠覆了我很多观念的还是子母山。

那是1997年3月21~26日，我应邀参加在昆明举办的“全国扶贫攻坚理论与实践研讨会”，会议安排两天实地考察。我和出席会议的30多个代表来到香港乐施会的项目点——禄劝县子母山村。

子母山村是个苗族小山寨，坐落在两座大山中间，不通公路。汽车开在公路边上，我们开始爬山。其时，乐施会在禄劝县有101个扶贫点，子母山是离县城最近的一个点，全村23户，85口人。乐施会是1992年开始在这里做扶贫项目的。

这里仍然很穷，但村民说现在比过去好多了。他们说乐施会帮他们架通电线，照明不再用煤油灯和火把；他们有了加工磨房，妇女们再不用把粮食背到几公里以外去加工了；村里成立信用社，只要有项目，每家每户都能申请小额贷款；妇女们还组织起互助小组，学习打毛衣、腌制咸菜;我们还参观了他们刚刚建起的板栗基地，看得出村民们对未来的发展挺有信心。

当然，震撼我的不是这些。

首先，参与式评估震撼了我。项目官员和我们一起找来十多个村民，他们反复强调，一定要普通村民，不要村干部。村民们围坐在一起，票选出村里最需要帮助的困难户，然后我们分头入户调查，看村民选出来的困难户是不是更真实。我们大家都看过村民选举，选村长、选代表、选先进，但看村民投票选困难户还是头一次。乐施会项目官员介绍说，这是他们开展项目惯用的手法。一方面让村民有发言权，培养村民的公民意识；另一方面保证扶贫项目的公平公正，把有限的资源用在最需要的地方；还有就是从源头上杜绝腐败，形成互动的监督机制。我们分头调查的结果证明了一个真理：群众的眼睛是雪亮的，群众心里那杆秤是公正的。

如果说第一个震撼是乐施会给予的，那么，第二个震撼就应该说是我们妇女自己创造的了。

参与式评估。

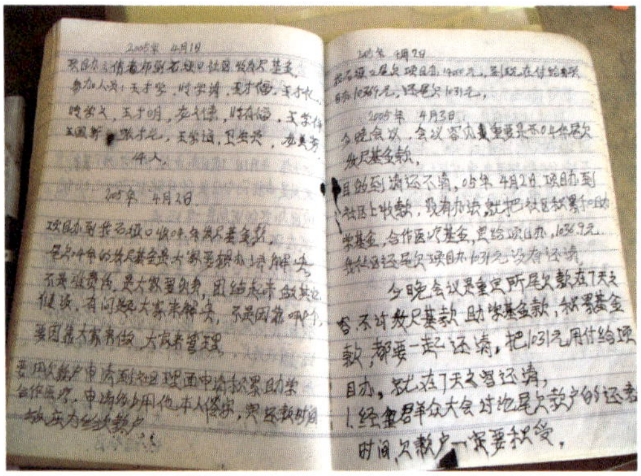

社区管委会的工作记录。

我们发现，第一轮参与式评估中，参与票选困难户的十多个村民居然没有一个妇女。组织者介绍说，这里的妇女不识字，不会说普通话，即使叫她们来，也不会发言。我们不信这个邪，便自动地把困难户的妇女组织起来，和她们围坐在一起，让她们谈：“如果得到一笔扶贫款，你最想做什么？”与此同时，那些困难户的男村民也谈同样的话题，结果出来后，没人能否认妇女们谈出的计划比男人们谈出的更实际，更具操作性。与会的男代表们服了，但他们仍然不解，这些不识字的妇女们为什么能和你们说那么多话？我告诉他们，因为我们是蹲着和她们说话的，她们和我们一样，需要平等和尊重。

第三个震撼就是项目官员手中的那个账本。发给我们的材料介绍：经过 4 年的项目运作，子母山村人均收入由 129 元提高到 569 元，基本上解决了温饱。但是，乐施会项目官员手中还有一本账：有 4 户缺粮一个月左右；还有 6 户人均收入在 300 元以下；板栗基地的管理需要建造一间守护房；村民自我管理的小信用社需要完善、提高；种烟、烤烟将用柴改为用煤，拉煤就要修路，修路要防止路通林毁……

看着这本账，我不由得脸红心跳，毛主席老人家早就教导过我们，世界上怕就怕“认真”二字。可是，我们什么时候开始喜欢弄虚作假，不讲认真了呢？我知道我不能去改变别人，但是我能改变自己，十年来，我一直用认真的态度做人做事。“农家女”有今天，追根溯源，是“认真”二字起了关键作用。

为了写此文，我在网上搜了搜，看到一条我不愿意看到的信息，子母山项目最终以失败而告终。在总结失败的教训时，乐施会给出这样的结论：因为过早的放手。

我知道乐施会在操作项目中，赋权意识是贯穿始终的。他们派专家给我们做战略规划，对用“帮助”“提高”“提升”这些词来形容我们机构的使命时，就提出过不同意见，说这些词容易把服务对象弱势化，有居高临下之感。可我们实在又找不到更合适的词，最后用全民投票的方法筛选出这样一句话："通过为农村妇女提供信息、培训和服务，提高她们的自我发展能力"。还是用了"提高"二字，但省略了主语，强调了"自我发展能力"。这就提出了一个让我们共同思索的问题，赋权也好，提高也好，都有一个主体和客体的关系，我们如何处理好这两者的关系才是最重要的。

引领我走入NGO的前福特基金会项目官员白梅博士，曾不止一次地给我讲过这样一个故事：有位学者要到印第安部落去做项目，印第安人告诉他，你如果来是为了帮助我们，就请你走开；如果是为了我们的共同目标，就请你留下。

在为"农家女"事业奋斗的十多年中，毋庸讳言，我比任何人付出更多，但是，我也比任何人收获更多。我真不觉得自己是在帮助任何人，提高任何人，而是和农家女们、打工妹们以及加入我们队伍的所有人，包括为我们提供各种资源的资助方、支持方，一起为了一个共同的目标而努力。这个共同的目标就是：用我们的双手和智慧，建立一个更加美好、更加适合人类生存和发展的社会。

河北省张北县残疾姑娘高健芳是《农家女》杂志的封面人物，"农家女书社"项目启动后，她所在的书社成了六个试点书社之一。在揭牌仪式上，她高兴地告诉我：能够为社会做点事情，这是她最幸福的事情。

谢丽华，北京农家女文化发展中心理事长。1996年创办了中国第一家流动妇女民间组织"打工妹之家"；1998年创办了"北京昌平农家女实用技能培训学校"；2001年创办了北京农家女文化发展中心，时任秘书长。

汇细流以成江河

李成杰

雷山县位于贵州省的东南部，以苗岭山脉主峰——雷公山而著称。这里“上山入云间，下山到河边，两山能对话，相会要半天”，山高谷深，交通不便，是一个以农业为主的国家级山区农业贫困县。

然而在这片贫瘠的土地上，却留下了一位中等身材、穿着简朴、戴着一副深度眼镜、常常微笑的中年妇女的无数足迹。自 2005 年起，她不知多少次走进雷山，踏遍雷山 9 个乡镇的 10 余个偏远山村，引资协助当地政府重建达地水族乡的背略小学、永乐镇的联合小学、望丰乡的乌的小学和桃江乡的掌雷小学四所完小，并协调引进北京、贵阳等地的特级教师，为雷山 200 多名乡村教师提供新课程改革的培训。她，就是贵州大学人文学院副教授、乐施会教育项目高级干事——杨兰女士，村民们都亲切地称她为“乐施女”。

杨兰长期在贵州少数民族地区从事民俗研究工作，2000年起投身公益事业。她在雷山留下了许多鲜为人知的故事，22次进掌雷就是其中的一个。

掌雷（苗语音译，意是“仅有一块平地”的地方）是雷山县桃江乡最偏远也是最大的一个行政村，距离最近的公路有3个多小时的行程，现有268户人家，总人口1 078人。大部分村民都是文盲或半文盲。

2005 年初，杨兰一行在雷山县政协副主席李玉文及有关部门负责人的陪同下，赴掌雷村实地考察。她看到近 300 名活泼可爱的山里娃在那光线暗淡且破烂不堪的木房里上课，住校生住在屋顶“阁楼”上，孩子们每日三餐都在屋檐下或操场边烟熏火燎“开小灶”的情景，十分难过。她决定帮助掌雷小学改善办学条件，让山里娃能在舒适的环境里学习和生活，为他们的人生起跑夯实基础。从此，杨兰便与掌雷村民和学校师生结下了不解之缘，引进乐施会资金 60 余万元重建掌雷小学教学楼和配置教学设施以及住校生的床上用品、生活用具。2006 年 10 月，一幢被掌雷片区人民称为“天楼”的钢筋混凝土教学大楼终于落成，结束了自古以来掌雷无砖房的历史，改善了掌雷小学的办学条件。

在建校一年多的时间里，由于交通等条件的制约，工程进度一再受阻，杨兰几乎每隔十天半月都要走进掌雷一趟，与雷山政协、教育局和掌雷村民一同协商解决办法。她每次进出掌雷并非轻装上阵，而是背着笔记本电脑、照相机及日常用品等10多公斤重的行李，但从没有听到她叫过一声苦、哼过一声累，实在累了就在树荫下歇一会儿，渴了就喝路边的山泉水。

杨兰和山里娃交谈。

此外，为更加了解周边村民的生活情况和学生们的家庭教育情况，杨兰不辞辛劳，还经常深入到掌雷小学服务覆盖的更加偏远的两羊村、乔王村、乌勇村等村寨的学生家走访。2005年5月，她到离掌雷小学30余里远的两羊村考察，得知在掌雷小学就读六年级的余正福同学因家庭实在困难而辍学，就毫不犹豫地慷慨解囊，负责全额资助余正福的学习、生活费用。在她的鼎力资助下，余正福重返校园，加倍努力学习，同年考入雷山县的顶级初中——雷山二中。近年来，在杨兰老师物质上的资助、精神上的鼓励下，余正福现已读到初中三年级。3年来，杨兰老师除了每年给他1 000多元的生活费用外，还给他购置了许多学习用品和衣物鞋帽等，同时还与他保持书信联系，就他学习和成长经历中遇到的问题进行沟通。

杨兰的行动，引来社会各界对雷山的关注和支持。中国科学探险协会青少年科学考察委员会、中国少年报的摄影记者们来到了雷山，乐施会教育项目官员唐康来到了雷山，反哺家乡的志愿者任丽萍来到了雷山，北京21世纪实验学校和经济技术开发区实验小学的师生们来到了雷山……在他们的共同努力下，掌雷等一批项目受益学校发生了巨大的变化，不但改善了原来简陋的办学条件，而且校园文化发生了可喜的变化，掌雷孩子们的摄影作品也走向了北京。如今，更多的志愿者正渐渐走进雷山，更多的贫困儿童正得到帮助……

（本文写作于2007年底。）

李成杰，男，苗族，贵州省雷山县人，1961年生。中学一级教师，任教25年。2005年调到雷山县智力支边办工作，乐施会雷山项目的主要合作伙伴。

为劳动者歌唱

——在追求人类公正的道路上，乐施会与我们同行

孙　恒

1998年10月20日——

我孤身一人从河南老家开封来到北京打工，没有亲人，没有朋友，我感到孤立、茫然与无助。

2002年5月1日——

我们和几个有文艺爱好的工友共同发起创办打工青年艺术团。我们觉得，我们出来打工很艰苦，但我们也需要有自己的精神文化生活，我们要唱自己的歌。最初的演出条件十分简陋，没有灯光，没有舞台，没有音响设备，有的只是我们的真诚、发自内心的呐喊以及工友们淳朴的笑容和掌声。最初的想法很简单：就是自娱自乐。

2002年中秋节的晚上——

李昌平老师带乐施会的王云仙等同事到清华科技园的一个建筑工地，跟我们一起参加当晚的演出活动。王云仙说我们的活动很有社会意义，并表示乐施会愿意与

孙恒西安巡演。

孙恒在歌唱。

我们合作，支持我们的活动。

2003年3月12日——

我们与乐施会正式签署项目合作协议，我们之间的友好合作就这样开始了。

后来我们才知道，在中国以至整个世界历史上都没有过像今天这样大规模的人口迁移流动，2亿劳动者在农村与城市之间流动打工，打工者群体已经成为推动我国城市化、工业化建设的主力军。城市里面高楼大厦、大街桥梁、基础设施的建设，南方工厂工业产品的生产，服务行业中最脏最苦最累的工作都离不开打工者群体。打工者群体是城乡之间的纽带和桥梁，我们首先支持着城市建设，其次我们也在支持着乡村建设。现在农村的主要经济收入都是靠外出打工者往家寄钱。我们打工群体已经成为劳动大军的主力军。

但是，我们在为社会作出巨大贡献的同时，却要面对种种困难与挑战：找工作难、工资拖欠、身份歧视、工伤事故、没有社会保障、劳动权益经常遭到侵害、打工者子女教育问题、心理情感问题、精神文化匮乏等。

怎么办？

这都是我们最初没有想到的。

没有答案。

我们只有面对困难与挑战，用行动去探索和尝试解决的办法。

5年以来，我们与工友们一起，面对生存的压力，在理想与现实之间，在不断克服困难与挑战中，一步步扩展我们的工作。工友之家与乐施会合作的项目从“打工青年艺术团”到“打工者文化教育协会”“打工者问题协助中心”“同心实验学校”“同心互惠商店”再到现在的“打工文化艺术博物馆”，内容也从最初单纯的打工者文艺，发展到工友文化教育、社区支持网络、权益维护、社区经济等领域。从最初一个业余的打工者文艺团体，到现在服务于打工者群体的劳工NGO组织，从最初的一个项目，现在已成为我们要长期从事的一项事业，在这个过程中，我和我的同事们都得到了锻炼、成长和进步，而我们也知道：任何一项事业都不是只靠一个人或一个机构来完成的。5年以来，乐施会一直是我们最主要的项目支持合作伙伴，但我觉得使我们走在一起的不是项目，而是我们共同的理想价值追求、彼此之间的坦诚与信任。

5年以来，我和我的同事们在不同的阶段会面临同样的困惑：我们现在工作的意义究竟在哪里？打工者群体将来的出路究竟在哪里？这些困惑促使我们不停地思考，不停地行动。

使我们感到庆幸的是，在追求人类公平与正义的道路上，乐施会与我们同行。

（本文写作于2007年底。）

孙恒在路上。

孙恒，1975年生，河南开封人。1998年到北京打工，曾做过搬运工、推销员、打工子弟学校音乐教师等工作。2002年5月发起创办全国首家打工者业余文艺团体“打工青年艺术团”，用歌声呐喊，以法律维权，坚持为工友义务演出百余场次。同年发起创办“工友之家”，组织开展各类工友文化教育培训活动。现任“打工青年艺术团”团长、北京工友之家文化发展中心总干事、同心实验学校校长。

共同的理念——知识为民

胡鞍钢

中国科学院–清华大学国情中心秉承“知识为民”的发展理念，坚持“维护国家最高利益，认清国家长期发展目标，积极影响国家宏观决策”的发展宗旨。我们认为，学术研究要为解决中国发展的重要问题提供决策知识，为国家决策服务。决策知识不同于一般知识，它更具有规模效益和公共效益。《国情报告》是国情研究中心编辑出版的专门向中国高层干部提供决策知识的高级决策咨询刊物，它创刊于1998年2月，主要反映中国国内重大的现实问题，国外最新理论动态以及中国发展道路的多方面思想，提供重要的决策知识、决策依据和决策建议，影响国家大政方针的制定。

自2001年7月以来，乐施会连续支持国情研究中心出版发行《国情报告》。在乐施会的支持下，国情研究中心出版的《国情报告》有了更好的工作基础。在过去几年中，在乐施会的支持下，《国情报告》不仅保持常规的出版速度，而且在文章质量、中心学者撰写文章数量等方面有了进一步提高。通过该项目的运作，《国情报告》的编辑出版发行制度也得到进一步完善，影响在进一步扩大。

《国情报告》特别关注贫困人口及弱势群体的利益，这与乐施会“助人自助，对抗贫穷”的理念不谋而合。在过去几年的出版工作中，《国情报告》选题进一步贴近民众的现实生活，反映国计民生，同时更加强调服务于国家决策、影响决策的目标。我们的研究关注老工业基地转型问题、“三农”问题、贫困人口等问题。研究选题均为中国的现实问题或与中国现实问题密切相关，例如，从2001年以来，《国情报告》明显增加了下岗失业和社会保障、农民工问题、减贫和创造就业等方面的文章。

《国情报告》近年来开始系统总结过去20多年改革开放的成果与存在的问题，力图对新领导人的施政提供借鉴；指出新领导人应该关注的战略性问题，强调发展观念的重要性，继续促进“第二代发展战略”这一学术研究的实践应用性；同时，开始集中关注中国崛起及其世界影响，并对中国的国际战略、国际社会应对战略等方面进行了研究。实践证明，这些报告非常具有前瞻性和影响力。

乐施会重视性别平等和赋权，认为不平等的性别关系是造成妇女贫困的结构性原因，使妇女在各种权利实现和资源获取中被边缘化。乐施会力图在所有项目中落实社会性别主流化，达到社会性别平等和妇女赋权，尤其是底层和弱势妇女的意见能够得到表达，有获取资源和机会的权利，并参与到社区发展和管理中来。值得一提的是，女性研究人员占国情研究中心研究人员的1/3，女研究生撰写了大量的研究报告，并为《国情报告》的编辑出版作出了积极贡献。我们曾邀请财政部国际司副司长邹加怡女士等参与到《国情报告》的研究和写作中来。国情研究中心进一步发挥女性的研究和编辑长处，帮助提高了《国情报告》的出版质量。

《国情报告》按期呈送给中国高层干部和高级研究者参阅，受到国家领导人的高度重视，并多有批示。特别值得一提的是，由于乐施会对《公务员管理培训与发展教育》项目的资助，中心人员加大了调研和对外培训的工作力度，起到了一定的积极作用。另一方面，国情中心人员在国家改革和转型的关键时刻，积极献计献策，某些有分量的报告发表在《国情报告》上，引起强烈反响，受到有关领导同志的赞许，起到创新知识、传播知识、影响决策的良好作用。

我们对乐施会长期以来的支持表示感谢。同时我们将一如既往地办好《国情报告》，继续用实际行动来实践“知识为民”的理念！

胡鞍钢，中国科学院—清华大学国情研究中心主任。

第三章　志愿者的人生是美丽的

失学儿童教学点记事

赵　磊

“每次别人背书包，我也想背上书包去上学，可是我家穷，上不了学。”

“每年他们报名的时候，我就跟爸爸妈妈说，你让我上学吧，我想上学……”

“如果有一天，我也能背上书包去上学，那该多好呀！”

这是我们在甘肃的省会兰州听到的声音。

当大量的农民工离开农村涌入城市，去实现他们城市梦想的时候，子女却由于家庭贫困和城市排斥而失学了。在兰州市七里河区工林路，就有几百名这样的失学儿童，在他们金色的童年时期，因为上不了学而不得不流浪街头。

12岁的马燕，是个可爱的东乡族女孩。她跟随父母来到兰州已经8年。父母都没有念过书，在这个城市里只有靠干苦力活来维持生活。马燕的姐姐和弟弟两人都没有上学，在家里帮妈妈干活。

“学费要几百块钱的，我们一个月挣不了这么多”，马燕的妈妈很无奈地说。他们的房租已经有两个月没交了。

马燕的父亲每天早出晚归，帮人家拉三轮车，一个月挣四五百块钱，基本上都用来维持家中 5 口人的生活和交房租。妈妈照看 3 个孩子之余，也试图通过各种方式来挣点儿钱补贴家用。马燕说：“妈妈早上 6 点钟左右给别人干活，地上全都是雪，

乐施会与合作伙伴开会讨论建立农民子弟失学儿童教学点。

冰冰的。妈妈从 6 点做到 12 点，冻得手都快掉下来了。”

他们进入了这个城市，但是实质上被一道无形的墙远远隔离在城市之外，成了城市的弱势群体、城市的边缘人。他们干着城里人不愿干的、又脏又累的活，收入又很低，仅能够维持生计。至于供子女上学只能是一个奢望。

“穷人的孩子早当家”，10 岁的弟弟就经常跟街道上其他孩子一起去捡垃圾，把每天换来的钱如数交给妈妈。小马燕每天也不闲着，帮妈妈洗杂碎。无论是酷暑还是寒冬，总能看见母女俩在门前洗杂碎。一副洗干净的杂碎送到饭店才得到 2 元钱，但这 2 元钱对于这个家来说是不可缺少的。

小马燕姐弟两个也想上学，也想拥有自己的书包。“我妈妈没上过学，她到哪儿去连个厕所都找不着，乱找呢。”马燕这样描述妈妈没有文化所带来的窘态。别的孩子一起去上学，马燕就非常羡慕：“别的学生拿着报纸在念。我也想念，但是我不认识一个字。”

兰州穆斯林文化教育促进会了解到在兰州有这么一批农民工子女因失学而流浪，就向乐施会递交项目建议书，希望能得到资助而建立一所农民工子弟学校。2003年5月，甘肃省首家失学儿童教学点，在兰州市柏树巷的居民区深处一座陈旧简陋的四合院成立。这个小小的四合院点燃了许多个贫困家庭的希望，教学点由乐施会投资，由穆斯林文化教育促进会主办，百余名因贫困失学的孩子走进了他们期盼已久的课堂。

教学点空间有限、条件有限，只能容纳百名儿童入学，附近片区的几百名失学儿童失望而去。马燕幸运地成为教学点第一批学生。“我很高兴，也很自豪，因为我现在是一名学生了”，马燕兴奋地说。

“孩子们特别珍惜这个学习机会，从他们开始踏进这个教学点的校门，从不会写字到现在会写字，他们特别珍惜，不管是作业本还是铅笔，他们都是特别珍惜的。”失学儿童教学点的老师丁鹏燕介绍说。妈妈说到马燕上学的事，也抑制不住地高兴：

“她每天早早地就催我起床，说要不然就迟到了……我们从来没有上过学，字也不认识，生意也做不成，这账也不会算。这娃娃们去念书，他们能上学就成。”

教学点开学不久，引起社会的广泛关注。许多外地大学生打来电话，说他们从报纸上了解到这个失学儿童教学点，他们想在这里以志愿者的身份进行支教活动。

“我可能做不了什么，但是我可以给他们传授一点知识，他们以后的人生可能会更平坦一点，更方便一点。我也只能做这么多，所以我就来做了。”北京师范大学的研究生毛睿谈到为什么来做志愿者时说。

柏树巷回民小学的退休老教师刘兰英知道这个教学点，又重新拿起粉笔来到教学点：“来到这个教学点，使我感到非常震惊，有这么多的孩子失学，他们应该受到教育而没有受到，我觉得我有责任，应该在这儿把教育工作搞上去。”

但是，这个教学点毕竟只是一个扫盲班，两年以后这些孩子将何去何从？这是一个一直困扰老师和学生的“心病”。失学儿童教学点志愿者马冰梅惋惜地说：“我想我们这个项目只有两年时间，眼看着今年已经是第一年，还有短短的一年。他们在短短的一年学不到多少东西，这个项目一结束，这些孩子将重新面临一个失学问题。我们上课时，看到他们那种认真的表情，不仅仅为他们上课，而且还为他们担忧。这两年结束以后，他们将面临的是什么呢？又是失学？又是流落在大街上？”

在失学儿童教学点我们听到这样一个故事。有一次老师上课时学生们纪律不太好，这位老师就开玩笑说：“反正这个教学点只有两年时间，快办不下去了，你们就背着书包回家去吧，不用读书了。”没想到同学们反应极其激烈。

与孩子们在一起。

孩子们表演文艺节目。

“当我听到那句话的时候，我的心里很难过也很痛苦，如果那样的话，再过几天我就又成失学儿童了。”一名学生喃喃地对我们说。

当时上课的老师这样描述道：“他们流露出来的是那种绝望的眼神，课堂上的气氛一下子紧张起来了。我也不知道用什么样的语言来准确形容，我觉得很震惊。很多孩子几乎是异口同声地说：‘老师我们自己出去给别人洗碗或打工，你再来给我们教，我们给你交学费，你来给我们教，找一个地方学习行不行？’我性格比较强，从来不流泪，但是说实在的，那天我第一次流泪，到这个教学点上的第一次流泪……”

谈到教学点以后的发展，兰州穆斯林文化教育促进会负责人说：“我们希望得到社会各界的关注和帮助。我们的目标是在这个地方建一所失学儿童的学校，而不是一个小小的教学点，让这些学生不至于项目结束以后又失学。让他们长期能享受到几乎免费的这样一种长期的教学，这是我们内心里非常盼望的事情。”

教学点的前景不明，但激发了这些失学儿童对生活的向往、对理想的追求。我们临走的时候，马燕说：“好不容易来了一个学习的机会，我要好好学习，天天向上，长大了当一名教学点教师。爸爸妈妈过的日子贫苦，我想我长大了为自己争点气。”

（本文由乐施会志愿者赵磊整理。）

情高于山，谊长于水

——阳尕山之行志愿者手记

胡莉莉

我刚来保护区，阳尕山就是人们经常谈论的地方，诸如“阳尕山伐木场”“盗伐现象较为严重”“藏汉杂居，村情复杂”，同时它又是“乐施会社区共管项目示范村”等。这次我有幸作为乐施会的一名志愿者，去揭开阳尕山神秘的面纱。

2006年7月14日下午，车在崇山峻岭间穿行，在山路上颠簸了3个多小时，我和其他志愿者终于来到这个村落。巍峨群山环绕的村舍，全采用木质结构，每家每户门前都堆有摞得整整齐齐的大量薪柴。这让我猛然联想到“盗伐”两个字，心里打了个寒战。

罗丹曾说过：“世界不是缺少美，而是缺少发现美的眼睛。”在阳尕山的日子里，

村舍门前垒薪柴。

我不仅发现了乐施会项目的“美”，也发现了阳尕山、阳尕水、阳尕人的“美”……

节能节柴，情深谊切

乐施会在阳尕山资助的项目有：节能灶改造、社区基金、修桥。我们到阳尕山时，大部分农户已完成节能灶改造建设。去到农户家，农户都会乐滋滋地带领我们到他们家的节能灶前去看一看。

一整排节能灶设备砌得精巧有形，再加上白色瓷砖的镶嵌，没有阳光的映衬，也会给人一种亮眼夺目、清洁卫生的感觉。村民乐呵呵地介绍道：节能灶不仅卫生，可以省一半以上柴，而且可以导出热水。仔细看节能灶的构造，会发现在灶头上有一个不到半米高的进水装置，在炉膛门的侧边有一个用水龙头导水的出水装置。中间的导水管是围绕着整个圆形的炉膛而设的，目的是利用炉膛散发的余热来加热管里的水，这样农户在烧柴做饭的同时也烧好了热水。热水的温度很高，可以用来烫猪饲料，一改过去煮猪饲料浪费薪柴的传统。村民对节能灶的改造非常满意。

蜂儿采蜜忙，乐煞养蜂人

乐施会的项目中有一个社区基金活动。社区基金中申请资金用于养蜂的项目户，今年应该算是所有项目户中笑得最合不拢嘴、腰包最鼓的人了。阳尕山海拔高，处于繁茂的林区边缘地带，很适宜养蜂，再加上今年气候好、雨水不多，林木间花枝茂盛，蜜蜂在丛林和鲜花中就能够为养蜂人带来丰收的果实。

进入阳尕山的第二天，乐施会的志愿者张维东带我们去了 4 户养蜂项目户家。去第一家养蜂项目户，正赶上男主人忙着用摇蜜机摇蜜。摇蜜机是村民自制的，在高 1 米多、半径约为 0.5 米的木制大圆桶内，正中间镶有一个手工转动轴，轴的外围有一个槽框，能够卡住从蜂箱里拿出来的集蜜板。人转动轴，集蜜板上的液体蜜就流到木桶里。旁边的女主人正拿着一把小尖刀，刮一块集蜜板最上层的白色残渣（当地人叫做蜡扇的一种东西）。蜡扇是蜜蜂在槽框中集完蜜后，用来封盖蜜的产物。蜡扇全被刮下的集蜜板，才能放到摇蜜机中去，因为在槽框的中间才是真正镶嵌的蜜，在摇蜜前必须先剔除外层覆盖的蜡扇。

养蜂人和他的蜜。

她边刮边说，这白色的蜡扇可以嚼着吃。我试着拿了一小块放在嘴里，好甜，越嚼越有味。女主人继续说，这白色蜡扇主要是用来熬制黄蜡的，在市面上一斤可以卖到7元或8元。女主人很快刮完那块板上的蜡扇，把它递给男主人，就起身忙着给我们倒蜂蜜水。

男主人一边用力地摇着蜜，一边乐呵呵地说："这可是只有我们原始森林里才能产出来的上好松花蜜，不仅口感好，而且质量和营养价值都属上乘，市场价格6元/斤，有时候蜜还没来得及拉到城里去，就被当地人和外来人全买走了。"

他们家今年养了16箱蜂，养蜂技术全采用蜂箱养殖，淘汰了以前在原木上养蜂的落后技术。今年天气好，产蜜量高，不仅可以赚回本钱，还会有剩余盈利。说到这儿，他掩饰不住内心的喜悦，露出灿烂的笑容。我也跟着笑了起来，原来快乐是可以共享的。

社区基金申请项目户中，今年除了养蜂的外，还有的用于养牛、收购药材、种植药材、商业小卖部、旅游业开发等。

乐善好施，恰似亲人

我在阳尕山的日子里，有一位老妇人至今让我难以忘怀。从她身上，我似乎读懂了阳尕山人。

这位 60 岁的老妇人名叫王桂莲，是一位和蔼可亲、慈祥善良、乐观向上的老人。她的膝下有一个聪明可爱的女儿王罗英，今年 14 岁，在铁楼乡中学念初一。王罗英是她 14 年前抱养回来的被一对四川夫妇丢弃的女婴。小罗英在王老妇人的辛苦拉扯下，如今长成一位美丽聪颖的大女孩。她们住在一间破旧的房屋里，房屋外加盖一间灶房。王罗英在 30 里开外的铁楼上学，除学费外，仅每年的住宿费和生活费就占据家庭支出的大部分。这些全靠王老妇人一年四季挖药、拾柴等来获取收入，春天采羊肚菌，夏天挖药，秋天砍柴、捡干苗子，冬天砍柴、挖药根。她们的生活

社区发展基金公示榜。

过得清贫，但也很幸福。

入户访谈，王老妇人从一开始就对乐施会赞不绝口。当时我很纳闷：她不是社区基金项目户，为何发出这样的感叹？经过那晚长达三个多小时的深聊以及后来我与王老妇人经常的接触，我发现她不仅有一双善于发现的眼睛，还有一颗善于感恩的心灵。

她觉得乐施会不但给村里带来了前所未有的发展机遇，而且给各家各户带来了幸福。就她本人而言，节能灶让她减轻一半以上砍柴和背柴的负担。去年她因砍柴不慎把前胸骨头摔坏，现在重活干不了。就全村而言，节能灶让人们逐渐认识到以前砍大柴、烧大火是多么地浪费资源。她认为2 000元的社区基金并不少，村民可以用这笔资金来养蜂、买三只羊、种药材等。

待到山花烂漫时，他们在丛中笑

在阳尕山，我把最多的欢笑与泪水留给了那里的孩子们，他们也用自己最灿烂的笑容、最纯真的眼泪回馈我。

初识他们，是在志愿者张维东给他们义务上英语课的课堂上。在一间农户平时用来堆放农具的阴暗小房子里，十几个人围着一张通常只能坐四个大人的小方桌，四五个人共用一本英语书，跟着张维东大声地朗读，并不时用手中细小的笔记下讲课的要点。

该村没有学校，上学得到10里外的李子坝或是30里外的铁楼乡去。英语专业毕业的张维东，在积极做好乐施会各项工作的同时，闲暇时间便担当起给村里的孩子们义务教英语的重任。经他辅导过的几个学生的英语成绩也发生了质的变化，从原来的常不及格到终于突破了及格线。

我和同行的志愿者共同决定：在阳尕山能待几天，就给孩子们教几天书。当然，给孩子们上课丝毫不影响我们的调研工作。我们是轮班工作，早上由一位志愿者上课，其他志愿者去工作；下午由另一位志愿者上课，换其他人去工作；晚上不用给孩子们上课，同时也是进行入户访谈最好的时间，因为农户白天都忙着干活，只有晚上最闲。

我给孩子们上课的时间是每天的下午。记得第一天上课，我怀着一颗忐忑的心刚步入“教室”，就听见一声洪亮的“Stand up”，所有的孩子带着灿烂的笑容向我点头鞠躬，齐声说：“Good afternoon，Miss Hu!”

在我的课堂上，既有四五岁大的小孩，也有十七八岁的藏族小伙，他们和其他小孩一样，认真地听我讲课，大声地跟我朗读。

刚开始，孩子们都称呼我为“胡老师”。我觉得过于正式，在课堂上教他们认识“fox”这个单词。“fox”汉语的意思是“狐狸”，谐音便是我的名字“胡莉”。我让他们以后只管叫“fox 老师”，课堂上孩子们哄堂大笑。从那之后，闲暇时，他们中的调皮小男孩就会叫：“fox 老师，快过来，我们一起摘苹果吃！”“fox 老师，下课后我们一起到河边玩水去！”女孩则显得略为羞涩，喊我“莉莉姐”。就这样，我们很快与这里的孩子们融入到同一个大家庭中。

我们走的前一天晚上，孩子们主动约我们出去玩游戏。有的孩子家长还送来蜂蜜，这让我们一时感动得无言以对。我们一起捉迷藏、画星星、猫捉老鼠、丢手绢、找朋友……王罗英为我们献上一首动人的歌曲《丁香花》，夜晚柔美的月光轻轻撒在孩子们稚嫩的脸上，在歌声中我似乎闻到了丁香花的味道。同行志愿者和我分别献上《济公歌》和《祝福》。在孩子们一片掌声和笑声中，别离前的聚会结束了。

胡莉莉，兰州大学2006级环境科学研究生，乐施会志愿者。

毅行者的故事

阿　翔

每年 11 月的某三天，过万人活跃于香港郊野一百公里的山路上，“乐施毅行者”吸引着各种各样不分年龄、职业、国籍的参与者。这个在香港几乎尽人皆知的“疯狂的”的户外运动项目，也是世界上最成功的公众筹款活动之一。每一次毅行者活动，汗水、泪水、友情、欢乐、感动都冲击着每一位参与的人。

100 公里山路，4 人一队，48 小时内完成，每队为乐施会筹得最少 6 500 港元。这些冰冷的数字或许很难与让参与者感慨万千、如痴迷恋的毅行者活动联系起来。为什么每一年总有那么多热衷于毅行者的人出钱出力甚至不远千里参与这个近乎“变态”的从身体和意志上“折磨”自己的事？难道只是出于对体能和意志的挑战？或者是筹款做善事？太多太多毅行者的故事，太多关于感动、自我超越、团队精神、友情的故事。如果你追问参与过毅行者的人，他们总会在一番努力解释和感觉辞不达意的无奈之后，认真而激动地盯着你的眼睛说：“你一定要参加一次毅行者！不会是你想象之中的那样，但，绝对，绝对超值！”

起点合影。

我是一名乐施会的义工，2008 年 5 月中国四川发生大地震之后，我在灾区参与了乐施会的紧急救援工作，那段特殊的日子让我较深入地了解了乐施会的工作及成果，之后我又参与了解了乐施会在中国其他地区的扶贫

毅行途中。

项目，也让我更理解了“毅行扶贫”的理念和意义。2008 年 11 月，我受邀参与了 2008 年的毅行者活动，由 2 名乐施会义工及两名来自四川灾区的灾民组成了“跨越 5·12”队。

2008年第一次参加毅行者活动的印象非常深刻。

太辛苦！ 39 个小时完成了 100 公里，这简单一句话的背后是两个不眠日夜的山路暴走。那似乎没完没了的上山下山，如果在前 50 公里还带有某种挑战味道的话，那么在后 50 公里就是一种折磨，在最后 20 公里简直可以让人崩溃！

太好玩！毅行者出发点更像一个嘉年华，到处是欢乐的人群和激动的脸孔。百公里的山路上活跃着的过万参与者好像在参加一个山上的PARTY和游戏！毅行路上的风景太美！我们带香港土生土长的朋友游玩毅行者第一段的万宜水库和西贡海滩时，他们惊讶香港的郊野竟然有如此的美景，然后自言自语：我们为什么要跑到九寨沟去看水？为什么要跑到东南亚去看海？

太感动！当筋疲力尽的冰冷夜里突然遇上素不相识的人为你准备的热汤姜茶，当意志涣散想放弃时听到比你更惨的人说一句“加油”，当在大帽山顶正埋怨那见鬼的下坡水泥路的折磨时转头看到整个香港夜景的感动，当看到一队成员克服一路

队员合影。

毅行者休息区。

的艰辛与摩擦手牵手冲线时的喜悦，当你见到各种各样的感动或反省自己自私时的泪光……

“跨越5·12”队的秀菊是来自地震灾区的女孩，一开始就因为高温曝晒气候不适而中暑，看着兴高采烈川流而过的人群和脸色青白躺在树下睡着的她，我几乎认为我们是不可能走到终点的，没想到她醒来知道自己睡了半小时就开始焦急催着上路，似乎对自己那时的虚弱毫无知觉。那一路对她而言真的很难！没有练习，腿疼、水泡、身体不适、几乎没吃东西……看着她那迷糊着边睡边走的弱小身影和坚毅的脸孔，想起那些在开始不久就因为一些小问题而退出的人，那些跟她同时期中暑而被直升机接走的人……就这样，那一路的艰难、疼痛、凄冷全化为美妙的音符，在我们一起到达终点时汇成了欢乐的交响曲……

2009年，我没有走毅行者，而是做了支援队。我以为在2008年的毅行者活动中已经很深地感受到了毅行活动的意义，没想到做支援的今年体会更深，更强烈。在每一个支援点上等待队友的时候，看着各种状态的毅行者，看着乐施会员工和义工为毅行者活动顺利进行而开展的各项工作，想象着毅行者们在山路上的艰难与快乐，种种不同的视点和细节汇集在一起之后，乐施毅行者活动热闹表面下系统工程的严谨与意义的深远随着一幅幅感人的画面逐步展开……

乐施毅行者活动现在已经拓展到全球11个国家，包括英国、新西兰、日本、荷兰、加拿大等。每年参与的人群在不断加大，越来越多的人被这项活动所吸引，热衷于它的人谈论毅行活动时的状态甚至被形容为如宗教“传道”一般。它已经远不只是一项慈善筹款活动，远不只是一项山地马拉松比赛，远不只是一项体验团队精神与自我超越的活动。它最大的魅力或许在于参与者在筹款助人的同时也给了自己一个重新认识自我的机会。完成毅行者的人在某种程度上都会对自己有全新的认识，对自己、对人、对世界有全新的体会，每一次的参与和体会都不一样，所以越来越多的人乐此不疲！我从心底里感动和敬佩乐施会为这个活动所做的努力和它达成的结果。这项活动的挑战性、安全性、参与性等各种因素被近乎冒险却很严谨地综合在了一起，最终把一项起源于军事训练和小范围筹款的活动发展为现在国际化的、许多人都有机会参与的有趣、有挑战、有意义的活动。

每次说起毅行者的感受，我都想说下面一件事情。

2009 年 11 月 22 日的夜里到早上，在终点等候队友们到达时的心情难以言喻。最后 20 公里是真正的挑战！开始时的 20 公里，普通毅行者 5 个小时左右就可轻松完成，到了最后 20 公里却常常耗时 10 小时以上，那才是真正举步维艰的时刻！队友们夜里到天亮期间陆续都到了，但一个陪走的朋友却迟迟不见踪影！由于担心朋友的安全状况，我于是开始从终点反沿着线路上山去寻找。那一个多小时里的所见让人极度难忘！我见到了那些 40 多小时完成全程的毅行者们那极度惨烈的疲惫与坚持，每一步的艰难与疼痛毫无保留地呈现在他们缓慢挪动的步伐中！ 2 个不眠日夜的暴走早已把人逼离了所有能想象的正常状态，一个个困惫无力的身影与呆木的脸孔如“游魂野鬼”般挪动着，早无任何速度可言。就是这样一批人，这批“游魂野鬼”，他们都没有停下来，疲惫不堪的脸孔掩盖不了他们不放弃的倔强，甚至你还能听到这些“游魂野鬼”们主动跟你说出似乎不太符合那场景的一句句问候“早上好！”他们真的让我感动！于是，每遇到一个队，我都会打招呼说上一两句鼓励的话语。之后，我遇到了一个 50 多岁的中年妇女，被两个年轻人一左一右夹着往前挪，看样子她的腿已经极度疼痛，一碰地面就疼得不行的样子，她的表情也似乎只剩下半条命的样子。我走上前，刚想说一些鼓励的话，“半条命”的阿姨竟首先从牙缝里蹦出有气无力的一句：“你……你……去找你的朋友吗？”我说：“是的。”“好，叫他……叫他……加——油。”那一刻，我的呼吸似乎停止了！仿佛有泪水一下由心脏涌到了眼眶，我只能用力地点了点头：“嗯！”看着阿姨被夹着挪动向前远去，再看看天空中初升的彩霞，真的好美！

不久，我见到了朋友，同样缓慢挪动的朋友。于是，我们一路下山，朋友缓慢

战友（左一为作者）。

挪动的步伐似乎变得轻快起来，一边还给我说着许多夜里的有趣小事。突然他说："今早的彩霞你看到了没有？真的很好看！感觉特别好看！"我看着他，点点头，笑了。就这样，我们一路说笑着超越了许多挪动的队伍，到终点和大家一起庆祝去了！

前不久，我看到了日本"2008毅行者"的海报，美丽的富士山下一队毅行者的身影，海报的标题是"绝对后悔！"我不知道这挑动观众参与欲望的一句话是否会出现在你走毅行者的路上。但我知道所有走完毅行者的人都会说"绝对不后悔！"，接着他们会说："绝对好玩！没走过的，一定要试试！"

阿翔，全名陈鸿翔，自由摄影师，乐施会志愿者。

附 录

乐施会简介

乐施会是一个在中华人民共和国香港特别行政区成立的独立的发展和救援机构，跨越种族、性别、宗教和政治的界限，与政府部门、社会各界及贫穷人群合作，一起努力解决贫穷问题，并让贫穷人群得到尊重和关怀。“助人自助，对抗贫穷”是乐施会的宗旨和目标。

乐施会于1976年由一群关注贫困问题的志愿者在香港成立，1988年在香港注册成为独立的扶贫、发展和救援机构。成立至今，先后在全球超过70个国家推行扶贫及救灾工作，开展综合发展、紧急援助、教育、卫生和水利等项目，帮助贫穷人改善生活，自力更生。

乐施会在中国内地的项目，由香港总部统筹，确保符合国情、社情地有效推行。

从 1987 年开始，乐施会在中国内地推行扶贫发展及防灾救灾工作，项目内容包括：农村综合发展、增收活动、小型基本建设、卫生服务、教育、能力建设及政策倡议等。自 1991~2010 年底，乐施会已在内地 29 个省市开展赈灾与扶贫发展工作，投入资金总额超过 6 亿元人民币，受益群体主要是边远山区的贫困农户、少数民族、妇女和儿童、农民工及艾滋病感染者等。

1992 年，乐施会在昆明开设了其在香港以外地区的第一个项目实施机构，后相继在北京、贵阳、兰州和成都设立项目办公室，项目活动内容和规模也随之增加和扩大。中国内地是乐施会未来的重点工作地区，集中了一半以上的项目。重点工作地区是云南、贵州、广西、广东、四川、甘肃、陕西和北京。为回应需求和挑战，2004 年正式成立乐施会中国部，专门管理日益扩展的中国项目。

20年多来，乐施会在中国的扶贫工作得到了政府有关部门的肯定，得到了社会各界的广泛支持。2001年乐施会获得国务院扶贫办发表的《中国的农村扶贫开发》白皮书肯定。2003年获《南风窗》杂志颁发的“为了公共利益年度榜——扶贫奖”。2004年，时任乐施会总干事的庄陈有获得“中国首届消除贫困奖——‘奋斗奖’”荣誉。2009年，乐施会获得由《红旗画刊》和《中国报道》联合颁发的“中华公益事业功勋企业、机构”奖。2010年，由广东省慈善总会、《南方都市报》和共青团广州市委员会主办的“责任中国”2010公益评选中，乐施会又获得了“公益组织奖”，成为唯一一个荣获该奖项的机构。

乐施会希望在内地的扶贫发展及防灾救灾工作，能为建设新农村、构建和谐社会贡献一份积极的力量。

乐施会的成长

1942 英国乐施会的前身“牛津饥荒救援委员会”（Oxford Committee for Famine Relief）成立。

1950s 英国乐施会拨出数百万英镑在香港进行社区服务，以援助涌往香港的250万内地移民。

1967 香港经济开始起飞，英国乐施会结束在港的办事处。

1976 志愿人士组成乐施会香港分会（Hong Kong Oxfam Group）为乐施会的前身。

1979 在中环开设乐施商店（现址位于怡和大厦）。

1980s 救援非洲东部（吉布地、埃塞俄比亚、肯尼亚、索马里、苏丹、乌干达）灾害。

1984 为埃塞俄比亚的饥荒筹得1 500万港币。

正式在香港设立办事处。

1986 在菲律宾开展首个乐施会的长远发展项目。

“毅行者”公开让市民参加，乐施会自此协办这项在1981年开始的筹款活动。

1987 开始资助中国内地、柬埔寨及莫桑比克的发展项目。

1988 “乐施会”正式注册为香港的独立发展与救援机构，是亚洲区唯一的乐施会。

1991 回应华中水灾而开展救援工作。

1992 成立乐施会中国发展基金。

在中国昆明开设办事处，支援中国西南部的工作。

设立“雅加伯非洲救援纪念基金”。

1993 开始在孟加拉、印度和赞比亚推行项目。

在越南河内开设办事处。

1994 回应卢旺达大屠杀和展开救援工作。

开始在伊利德里亚、老挝、马拉维及苏丹推行项目。

1995 国际乐施会成立，香港乐施会成为亚洲地区唯一会员。

设立“公平世界发展教育基金”，现改名为“乐施会公平世界教育资助计划”

出席在北京举行的世界妇女大会。

1996 多个乐施会合办“反地雷行动”，并在联合国会议上提倡禁雷。

开展在香港的发展工作；举行“贫穷高峰会”。

发展项目协助新移民、残疾人士、单亲家庭、妇女及低收入人士等。

1997 设立青少年“乐施行动组”，推广世界公民教育。

驻港英军撤离香港，乐施会接办“毅行者”。

在尖沙咀开设乐施商店。

1998 全球多个乐施会合办“终止童妓倡议运动”。

《乐施丛书》系列出版物出版，反映乐施会在中国、东南亚及非洲的扶贫发展工作。

1999 举行基础教育运动。

2000 在香港倡议为政府服务的外来工人应有合理薪金。

2001 设立北京和贵州办事处，关注中国“入世”对贫穷人的影响。

在广州及上海开始公众教育。

在缅甸及东帝汶开展长期工作，于东帝汶帝力设立办事处。

举行“贸易要公平”运动之药物减价运动。

2002 设立兰州办事处。

参与多个乐施会在南非联合推行的抗艾滋病项目。

推展“贸易要公平”运动，重点推广公平贸易咖啡。

2003 展开在北京的公众教育工作。

2004 回应苏丹内战危机。

成立“乐施会非洲发展基金”。

筹备在朝鲜开展长期的发展项目。

2005 海啸救灾工作：乐施会集中支援印尼、斯里兰卡及印度三国，全球多个乐施会在未来5年合计拨出19.5亿港元做救援和灾后重建工作。

在香港的“无穷地球——互助教育中心”启用，为青少年了解贫穷和发展议题提供资源。

趁WTO第六届部长级会议在香港举行，推展“贸易要公平”运动，并发表多份研究报告，呼吁WTO、各国政府及跨国公司改变不公平的贸易规则。

2006 乐施会成立30周年。

“乐施毅行者”在英国、澳洲及新西兰举行。

2010 在广东省慈善总会、《南方都市报》和共青团广州市委员会主办的“责任中国”2010公益评选中，乐施会又荣获公益组织奖，成为此次评选中组织奖的唯一得主。

乐施会在中国内地重要日志

1987 乐施会在内地支持第一个项目，关注广东残疾人健康。

1991 在西南地区开展社区发展项目。

开展农村基础教育项目。

开展NGO发展及能力建设项目。

参与贵州洪水救援。

1992 在云南和贵州开展农村综合发展项目。

在昆明开设乐施会在内地的第一个项目办公室。

成立乐施会中国发展基金用于资助项目。

1995 开展社会性别项目。

在广西开展农村发展项目。

在北京参加世界妇女大会NGO分论坛。

1996 项目扩展至西北地区。

开展城市劳工项目。

参与丽江地震救援。

1997 参与青海雪灾救援。

1998 开展艾滋病项目。

河北地震救援。

出版中文版《踏出中国扶贫路》。

1999 开展灾害管理项目。

2000 陕西洪水救援。

2001 开展农村学校教育的国家政策研究。

开展针对WTO相关的贸易倡导工作。

开展发展教育工作。

乐施会工作获国务院扶贫开发白皮书肯定。

参与全国洪水救援。

在北京和贵阳设项目办公室。

2002 开始农村税费改革政策研究。

参与减缓内蒙古地区沙漠化工作。

在兰州设立项目办公室。

2003 在甘肃开展替代能源项目。

《Bitter Sugar——贸易、WTO和中国糖农的报告》在墨西哥的WTO部长级会议发布。

参与北京、广东和河北的SARS救援。

“耀强教育纪念基金”设立，支持基础教育项目。

2004 前任总干事庄陈有获得中国扶贫基金会颁发的消除贫困奖。

乐施会中国部成立。

2005 《No Soft Landing——贸易、WTO和中国棉农的报告》在WTO香港部长级会议发布。

资助NGO参与在纽约举行的联合国“北京+10”妇女大会。

成为中国WTO网络发起者之一。

支持出版《我最宝贵的》，该书成为内地畅销书籍。

2006 与国务院扶贫和发展领导小组办公室外资项目管理中心签署合作协议。

与青海省民政局签署合作协议。

与广西壮族自治区扶贫办签署合作协议。

参与贵州和云南洪水救援。

出版《草根谭　谈草根——中国妇女·民工·农民》。

2007 与云南省扶贫办签署合作协议。

出版《中国教育蓝皮书（2006）》，关注教育发展、政策和改革。

2008 在多个省份进行雪灾救援工作。

参与“5·12”汶川地震救援行动，为乐施会有史以来最大规模的人道救援行动

成立成都办公室，负责四川地震救援及重建工作。

设立“汶川地震救援及重建专项账户”，向公众募集灾后重建善款。

出版《扶贫毅行（内部版）》，纪念乐施会在内地工作二十周年。

乐施毅行者获得Rhino Award环保提名奖。

2009 与国务院扶贫办外资扶贫中心签署汶川地震贫困村灾后重建试点项目框架协

议，是第一家与中央政府合作开展重建工作的国际组织。

策划并实施“为贫穷人对抗气候变化”的系列公众倡导活动。

参加COP15哥本哈根峰会，呼吁发达国家为发展中国家提供救援基金和实施技术转让，增强贫困人群对气候变化的适应能力。

获得由《红旗画刊》和《中国报道》联合颁发的“中华公益事业功勋企业、机构奖”。

2010 参加中国西南特大旱灾救援工作。

参加“4·14”青海玉树地震救援工作。

在广东省慈善总会、《南方都市报》和共青团广州市委员会主办的“责任中国”2010公益评选中，荣获公益组织奖。